● 難しいことは考えないで、簡単に作れる至高のコーヒー

もっと美味しいコーヒーが飲める4ステップ

田中 昭彦
(ブラジル政府公認コーヒー品質格付士)

手づくりコーヒー、家庭焙煎コーヒーの楽しみ

STEP 1
最高品質の生豆を選ぶ

STEP 2
その生豆を家庭で焙煎

STEP 3
焙煎したコーヒーを抽出

STEP 4
コーヒーを楽しく味わう

● 難しいことは考えないで、簡単に作れる至高のコーヒー
もっと美味しいコーヒーが飲める4ステップ
―― 手づくりコーヒー、家庭焙煎コーヒーの楽しみ ――

目次

はじめに ……012

「手づくりコーヒー」に必要な物と道具 ……016

STEP 1 家庭焙煎用の最高級品質コーヒー生豆を入手する。 ……017

コーヒー生豆入手先リスト ……018

コーヒー生豆の購入数量 ……018

コーヒー生豆の産地国、種類、品質の選択方法 ……019

家庭焙煎でおすすめのグルメコーヒー生豆リスト ……021

コーヒー生豆の外観上の品質の見分け方 ……024

コーヒー生豆の保管場所・方法 ……025

コーヒー生豆に関する一般情報 ……026

STEP 2 基本編 コーヒー生豆を焙煎しよう。 ……031

- 焙煎の手順 1　手網焙煎器具を用意します。　……032
- 焙煎の手順 2　コーヒー生豆1回分焙煎量を手網焙煎器に入れる。　……033
- 焙煎の手順 3　家庭の台所のガスコンロの炎で焙煎。換気扇を回す。　……034
- 焙煎の手順 4　焙煎のための炎の加減と手網焙煎器の動かし方　……035
- 焙煎の手順 5　焙煎時間、コーヒー生豆の変化、焙煎度合い、調整　……036
- 焙煎の手順 6　焙煎したコーヒー豆を冷ます。　……040
- 焙煎の手順 7　冷ました焙煎豆を容器に入れる。　……041
- 焙煎の手順 8　焙煎したコーヒー豆を保存する。　……043

● 難しいことは考えないで、簡単に作れる至高のコーヒー
もっと美味しいコーヒーが飲める4ステップ 目次
―― 手づくりコーヒー、家庭焙煎コーヒーの楽しみ ――

STEP 2 応用編 焙煎が少し難しいコーヒー生豆にも挑戦。 ……045

焙煎するコーヒー豆例 段階① ブラジル・サントスNo.2 ……046

焙煎するコーヒー豆例 段階② コロンビア・スプレモ・ハンドピック ……047

焙煎するコーヒー豆例 段階③ グアテマラSHB、エチオピア・ヨーガチェフ・グレード2・ウォッシュド・アラビカ、ケニアAA ……048

焙煎するコーヒー豆例 段階④ スマトラ・マンデリン・アラビカNo.1 ……049

焙煎するコーヒー豆例 段階⑤ インドネシア　ロブスタ　WIB-1 ……050

STEP 3 焙煎コーヒー豆を抽出する。 ……051

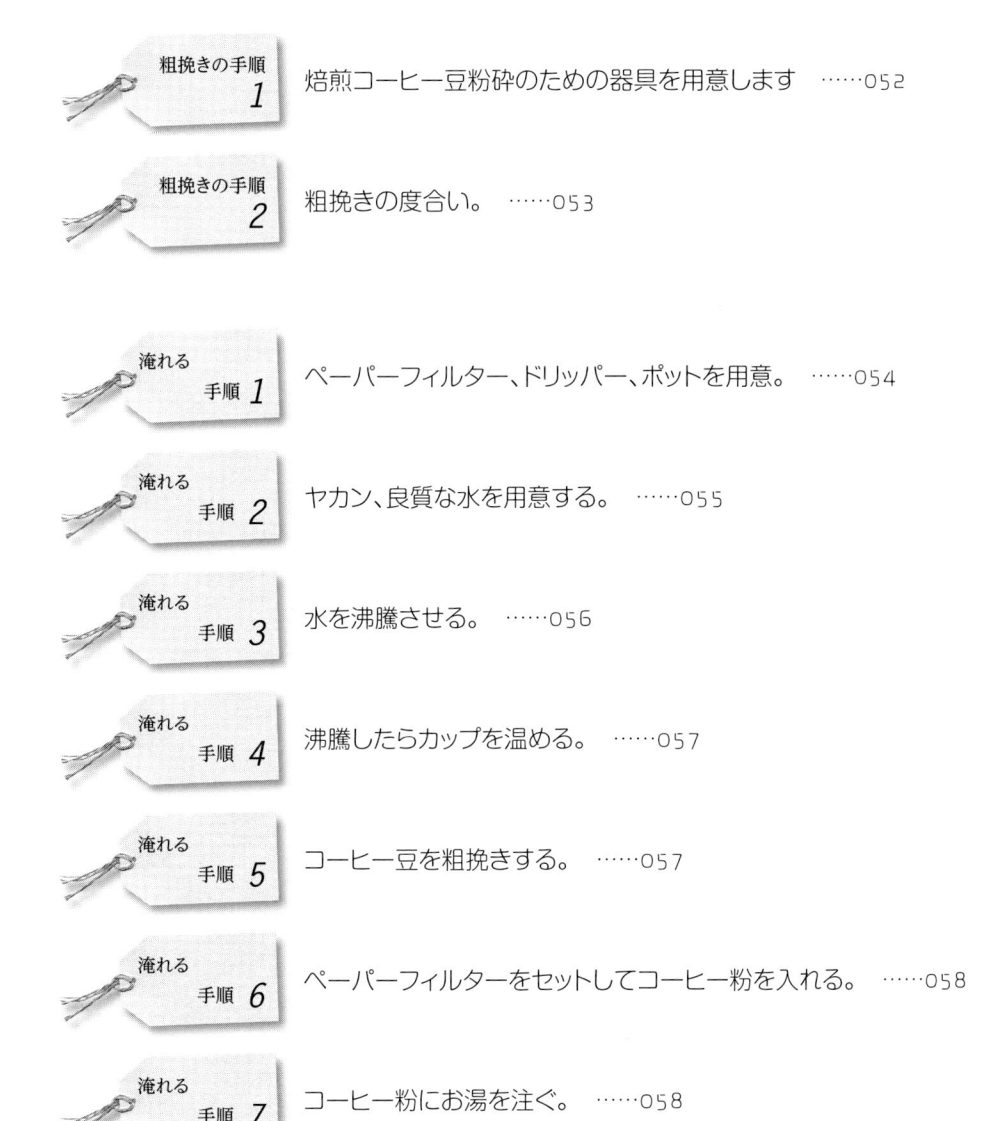

粗挽きの手順 1	焙煎コーヒー豆粉砕のための器具を用意します ……052
粗挽きの手順 2	粗挽きの度合い。……053
淹れる手順 1	ペーパーフィルター、ドリッパー、ポットを用意。……054
淹れる手順 2	ヤカン、良質な水を用意する。……055
淹れる手順 3	水を沸騰させる。……056
淹れる手順 4	沸騰したらカップを温める。……057
淹れる手順 5	コーヒー豆を粗挽きする。……057
淹れる手順 6	ペーパーフィルターをセットしてコーヒー粉を入れる。……058
淹れる手順 7	コーヒー粉にお湯を注ぐ。……058
淹れる手順 8	愛情を込めて抽出しましょう。……062

● 難しいことは考えないで、簡単に作れる至高のコーヒー
もっと美味しいコーヒーが飲める4ステップ 目次
—— 手づくりコーヒー、家庭焙煎コーヒーの楽しみ ——

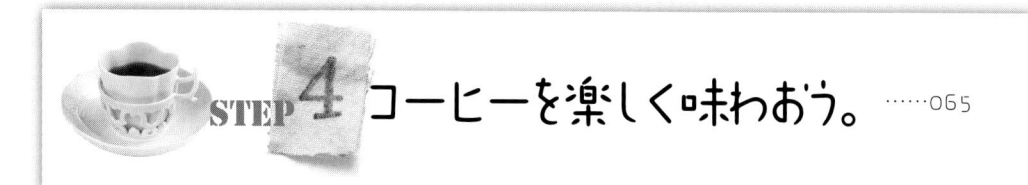

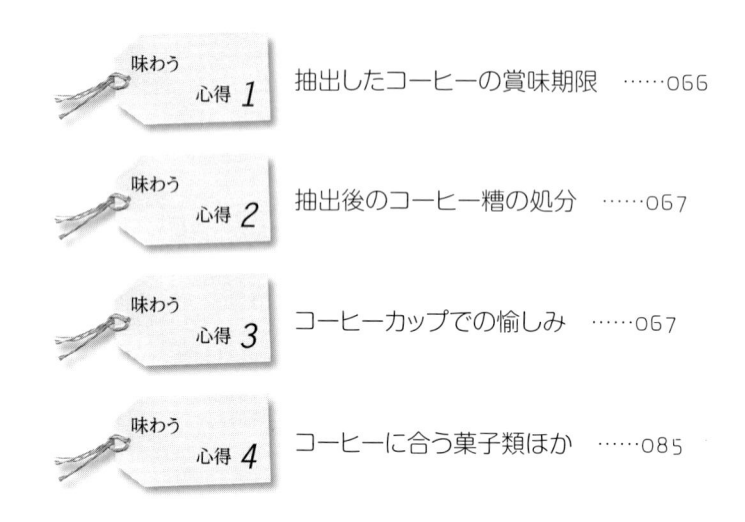

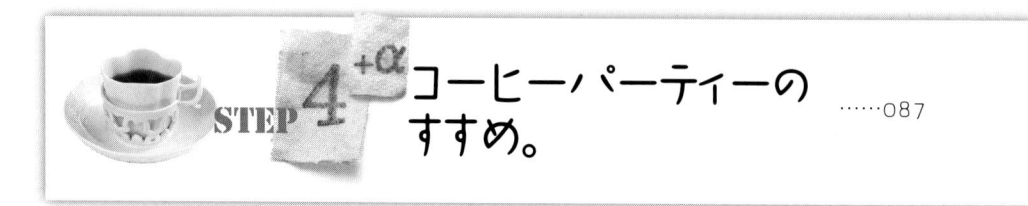

STEP 4 コーヒーを楽しく味わおう。 ……065

- 味わう心得 1　抽出したコーヒーの賞味期限　……066
- 味わう心得 2　抽出後のコーヒー糟の処分　……067
- 味わう心得 3　コーヒーカップでの愉しみ　……067
- 味わう心得 4　コーヒーに合う菓子類ほか　……085

STEP 4+α コーヒーパーティーのすすめ。 ……087

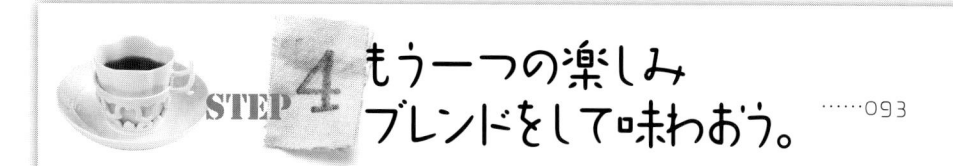

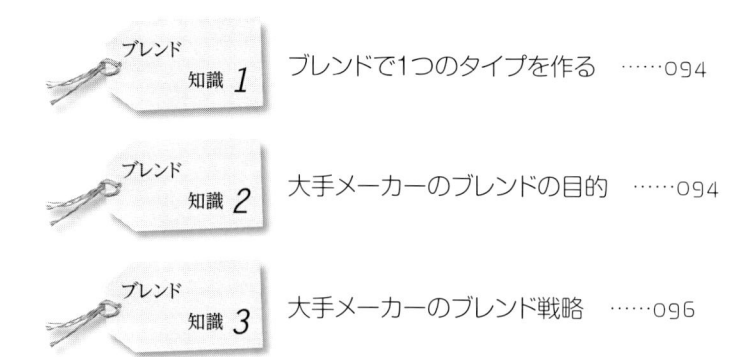

STEP 4 もう一つの楽しみ ブレンドをして味わおう。 ……093

- ブレンド知識 1 　ブレンドで1つのタイプを作る ……094
- ブレンド知識 2 　大手メーカーのブレンドの目的 ……094
- ブレンド知識 3 　大手メーカーのブレンド戦略 ……096

コーヒーの一知識 コーヒーへの興味が高まる知識。 ……099

- 一般知識 　味覚について ……100
- 一般知識 　コーヒー栽培について ……102
- 一般知識 　コーヒーの植物学について ……105
- 一般知識 　コーヒーの実について ……106
- 一般知識 　コーヒーの効用について ……106

● 難しいことは考えないで、簡単に作れる至高のコーヒー
もっと美味しいコーヒーが飲める4ステップ
── 手づくりコーヒー、家庭焙煎コーヒーの楽しみ ──

目次

コーヒーの回想 各地のコーヒー飲用の慣習。 ……109

ポン・デ・ケージョの塩味と相性抜群のブラジルのコーヒー　……110

30年前のアメリカのコーヒーはひどかった…　……111

オランダの美しい風景が思い浮かぶゴールドブレンド　……112

東チモールで村長さんがもてなしてくれた感激のコーヒー　……113

トルコでは不自然ではない「リオ臭コーヒー」　……115

コラム

コーヒーとワインの違いは?　……020

コーヒー生豆ひとつかみは何グラム?　……032

新聞の上の焙煎豆を容器に移すコツ　……041

手づくりコーヒーで作るアイスコーヒーも最高　……054

ペーパードリップ以外の抽出法　……063

自分で焙煎した3〜4種類のコーヒーを
ブレンドしてみるのも楽しみの一つです　……095

コーヒーの売れる味とは?　……100

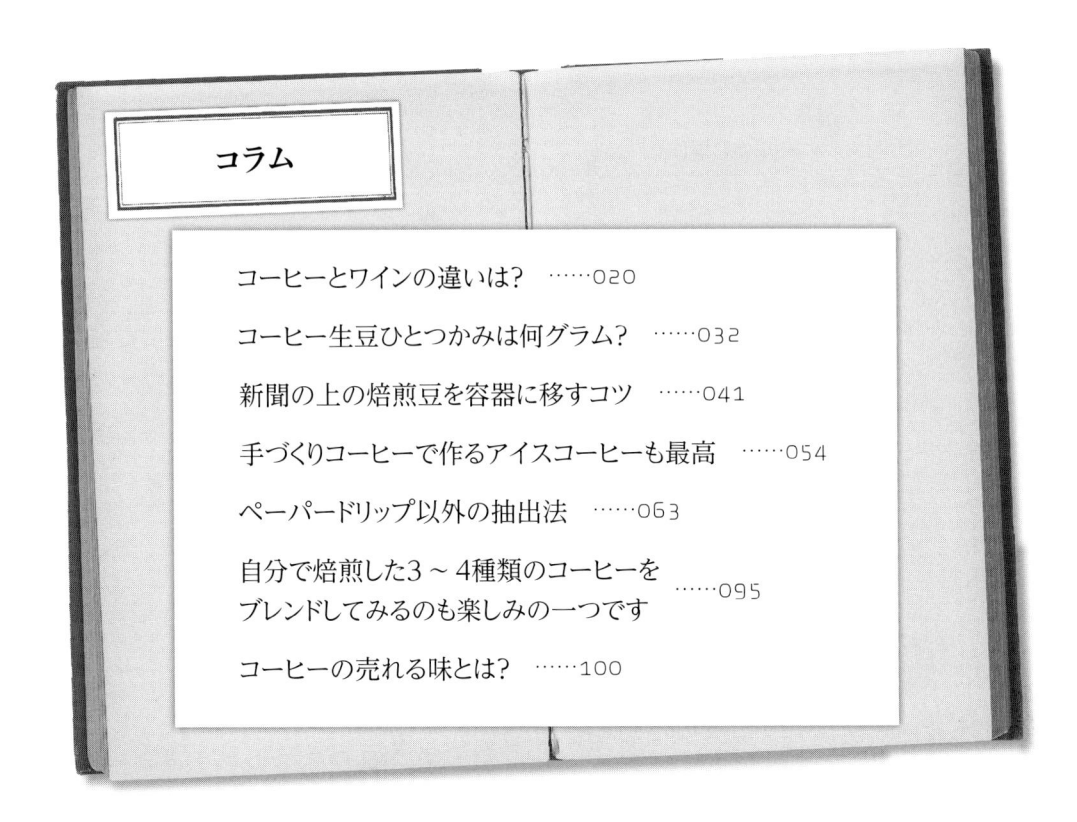

あとがき　……116

著者紹介　……118

はじめに

難しいことを抜きにして、もっと簡単に、凄くおいしいコーヒーが飲めます。

　コーヒー生豆選びから焙煎、粗挽き、抽出、ブレンドに至る全ての工程を、我ままかつ自分流儀に毎日楽しむといった生活を続けて来て、既に30余年が経ちます。私はこのコーヒーを「手づくりコーヒー」と呼んでいます。誠に贅沢なコーヒーの楽しみ方だと思います。家族、親戚そして仲間達とも一緒に、このコーヒーを楽しむ機会が多く、皆結構楽しんでくれています。

　きっかけは、コーヒー生豆取引に永年関ったお陰で、多くの産地、種類、品質のコーヒー生豆、また各国のコーヒー飲用の習慣、コーヒー業界の実態等に接することが出来たことです。

　そして、よりおいしいコーヒーを飲みたいとの願望が一層強くなり、結果、自分で「手づくりする」のが何よりとの思いに至った次第です。
この願望に適う世界の最高級品質のコーヒー生豆を入手出来る立場にあった事も幸いしたと思います。今では、日本の一般の人でも「最高品質のコーヒー生豆」を入手する方法はあります。

　この「手づくりコーヒー」の楽しみを、家族、親戚、仲間達以外にも、同じ願望を持った他の人達とも共有出来ればと思い、本書を作った次第です。34ページでくわしく紹介しますが、コーヒーの焙煎は手持ち用の網を使って家庭のガスコンロで行います。従って、本書の内容的には大量生産、大量販売を目的とする商業ベースのコーヒーづくりの手法とは、多くの点で相違することを、先ず前もって認識してください。また、家庭の身近にある器具類を使って手軽に出来る方法を追究したため、多少見栄えの良さに劣る面はご勘弁いただきたいと思います。

本書の説明は次の順序で進めます。
　　　1　ステップ毎に、図や写真で表示。
　　　2　最も簡単な作業手順（大文字）。

3　少し立ち入った内容の具体的手法（中文字）。

4　多少、ウンチクを傾けたい人のための情報に加え、
息抜きのためのコラムも交えて（小文字）

　余り細かいことから取り組むと、最初から興味を無くすので、先ずは、図や写真と大文字の最も簡単な作業手順から始めていただきたい。

　回数を重ね、少し慣れて、もう少し深く知りたいと思ったら、その先を読んでいただきたい。

自分で焙煎をすると、今までより格段においしいコーヒーが飲めます。

　もうすでに、インスタントコーヒーではなく、レギュラーコーヒーを普段から家庭で飲んでいる人は多いでしょう。そういう人たちに「もっと、おいしいコーヒーが飲めるはず」と明言したいのです。

　それには、焙煎をする「手づくりコーヒー」を始めることです。焙煎は難しく考えなくてもできます。いまある家庭のコンロで手軽にできます。「手づくりコーヒー」では、大切にしたいポイントは4つあります。

おいしい「手づくりコーヒー」のための4つの重要ポイント：

1　各産地の最高級品質のコーヒー生豆を使用して焙煎すること。

2　焙煎、ブレンド、粉砕、抽出の全ての段階で、
新鮮さと清潔さを保持すること。

3　新鮮で、良質の水を使用して抽出すること。

4　やはり、入念に愛情を込めて「手づくり」すること。

はじめに

　以上の4条件さえ整っていれば、多少の失敗をしても、かなりおいしいコーヒーを家庭で毎日楽しむことが出来ます。

　この条件をふまえて、本書ではステップ1からステップ4まで、4つの段階で「手づくりコーヒー」の楽しみ方を紹介します。

STEP 1 は、

　いいコーヒー生豆を選び方です。最高の品質のコーヒー生豆を選べば、家庭のコンロで手持ちの網で焙煎しても、かなりおいしいコーヒーがつくれます。

STEP 2 は、

　購入した高品質のコーヒー生豆を家庭で焙煎します。焙煎が簡単なものから、硬質で焙煎が少し難しいとされるものまで紹介します。

STEP 3 は、

　焙煎したコーヒーの抽出です。焙煎したばかりのものも、ぜひ味わってみてください。一般的には焙煎後、2～3日後のほうが味が落ち着いていいとされますが、せっかくですから、本当にそうかを試してみてください。もしかしたら、あなたの口には「焙煎直後のコーヒー」のほうが合うかもしれません。

STEP 4 は、

　抽出したコーヒーの楽しみ方です。自分の手で焙煎したコーヒーを飲むのは、それだけで楽しいですが、だからこそ、もっと楽しく味わってみてください。世界各国の有名コーヒーカップとともに楽しむのも一つです。また、手づくりのコーヒーで友人や知人をもてなすコー

ヒーパーティーもいいものです。

　みんなの反応や喜ぶ顔を見ると、「今度はこのコーヒーで」と、ますます手づくりコーヒーに熱が入ると思います。私がそうでしたから。

　本書の作業手順に従えば、これまでコーヒーを楽しんでいらした方々もより良い方向に進めるものと思います。

　気楽に取り組み、失敗を恐れず、試行錯誤を重ねて行く中に「手づくりコーヒー」の要領は、自然に身に付き、会得出来るものと思います。

　コーヒーの味覚については、万巻の書物をいくらたくさん読んでも得られるものではありません。先ずコーヒーの現物に取り組み、身体に覚え込まさなければならないものです。

　家庭焙煎、手づくりコーヒーの醍醐味は、世界最高品質のコーヒー生豆を使って、自分好みの味のコーヒーを自在に造り、最高の状態にあるコーヒーを楽しむといった贅沢が出来ることにあります。

「手づくりコーヒー」に必要な物と道具

■材料
　　グルメコーヒー生豆（19ページで紹介。18ページで購入先を紹介）、水（浄水器を通した水が適します）

■コーヒーの計量・保管の道具
　　小型計量器、メジャーカップ（200ｇ入り）、焙煎1回分の生豆400ｇ保管容器（各産地種類別に保管するとよい）

■コーヒー焙煎に必要な道具
（焙煎の方法については34ページに）
　　手網焙煎器具、ガスコンロ、換気扇、机、新聞紙、焙煎豆保存容器（各産地種類別に用意するとよい）

■コーヒー抽出に必要な道具
（抽出の方法については52ページに）
　　電動焙煎豆粉砕器具（ミル）、スプーン、ドリップ式抽出器具一式（フィルターペーパー、紡錘型フィルター、ポット等）、ヤカン（湯沸し器）、水、グラス、コーヒーカップ、コーヒー糟入れ
　　コーヒーは吸臭性が強いため、周辺に柑橘類、スパイス、鮮魚、タバコ、薬品洗剤、化粧品類等、臭いの強い物は置かないようにすること。

STEP 1

家庭焙煎用の
最高級品質
コーヒー生豆を
入手する。

STEP 1 家庭焙煎用の最高級品質コーヒー生豆を入手する。

コーヒー生豆入手 知識 1

● コーヒー生豆入手先リスト

① ユーエスフーズ株式会社
所在地：〒120-0006
　　　　東京都足立区谷中1丁目
　　　　8番17号
電話：03-5697-7390（代）
フアックス：03-5697-7392
イーメール：us@usfoods.co.jp
代表取締役：紫竹雄太郎
ホームページ：http://usfoods.co.jp/
商品、価格明細はホームページ御参照

② プレミオ珈琲株式会社
所在地：〒590-0837
　　　　大阪府堺市堺区
　　　　柏木町4丁目4番19号
電話番号：072-280-3939
フアックス：072-280-3949
ホームページ：
　　　　http://www.premiocoffee.com/

● コーヒー生豆の購入数量

最初は、コーヒー生豆1種類5kg
を購入するのがいいでしょう。

予算が許せば、3種類×5kg＝15kg辺りからの
購入を始めましょう。

　日本市場では多数のコーヒー産地国から需要家の要求に沿って多くの種類、品質のコーヒー生豆が輸入されていますが、その中で最高級品質のもの（私はこれをグルメコーヒー生豆と呼ぶ）は供給量が少なく価格も高いことから一部の大手メーカー、専門業者の取引対象に限定されています。

　しかしながら、現在は一般の消費者でも入手は不可能ではありません。

　大手コーヒー生豆取扱専門業者（コーヒー生豆問屋）は客先である中小コーヒーメーカー、自家焙煎業者等に、より細かく対応するために子会社を設立し、そこで輸入コーヒー袋を20kg、10kg、5kg等に小分け包装し直して販売しています。

これ等の会社と交渉して、ある程度数量をまとめて注文すれば、自宅まで直送もしてくれます。

　家庭用であれば、5kg入り袋を4種類（合計20kg）程度にまとめて注文すれば応じてくれるはずです。最初は、仲間3〜4人位で数量をまとめ買いして、各自に分け合うことも考えられるでしょう。

　価格的にも、百貨店、コーヒー専門店の焙煎コーヒー豆小売価格に比べて、はるかに安く購入可能のはずです。また、最近では自家焙煎コーヒー豆売り専門店が、店頭でコーヒー生豆を販売するといったケースも増えており、コーヒー生豆の入手は以前ほど困難な状況ではなくなっています。

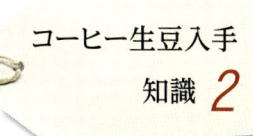

コーヒー生豆入手
知識 2

● コーヒー生豆の産地国、種類、品質の選択方法

先ず、最初に代表的な産地の最高級品から始めるのが良いです。

　何事も、最初が肝心で特に飲み物、食べ物は最高級品質のものから入ることが大切です。
　これから会得しようとする「自分の物差し」の基準を最高のものにしておくのは大切なことです。
　そのためには、素材も最高級の品質のものを選択する必要があります。
何回も家庭焙煎によるコーヒーづくりを重ねている中に、この物差しを会得することが出来るようになるでしょう。
　一旦、物差しが出来てしまえば、これを基準にしてあらゆるコーヒーの品質を見極めることが可能となります。

STEP 1 家庭焙煎用の最高級品質コーヒー生豆を入手する。

コーヒーの味覚は身体で覚えるもので、幾万冊の書物を読んでも理屈で会得出来るものではありません。

出来る限り多くの種類のコーヒーを飲み、それらの特徴を身体に記憶させることが必要です。

芳醇な香り、マイルドな味,リッチなコク、強い酸味、すっきりとした後味、リオ臭、発酵臭などと言われても実際にコーヒーを飲んで経験し実感して見なければ理解不可能なことです。

コーヒーとワインの違いは?

ワインについてウンチクを傾けて語る人に、「あなたは今までにワインを1,000本飲みましたか?」と聞くことがあります。日常生活でワインを飲み慣れた欧米人にとっては、1000本はどうってことではない本数だが、ワイン飲用の歴史の浅い日本においてワイン1,000本以上を飲んだ人は多くはないと思われます。ましてや高級な年代物ビンテッジワインになるとさらに少ないでしょう。つまり、最低1,000本位（出来れば安いテーブルワインではなくビンテッジワインを）は飲まないと複雑なワインの味は語れないはずです。

幸い、コーヒーの場合、年間1,000カップ以上を飲む日本人はざらであり、10年間では10,000カップ以上に達することから、コーヒー味覚を理解し磨く素地は十分出来ていると思います。

コーヒー生豆入手
知識 3

● 家庭焙煎でおすすめのグルメコーヒー生豆リスト

ブラジル

サントスNO.2、SC（スクリーン・サイズ）18、ストリクトリー・ソフト

　世界最大の生産量を誇り、日本市場でも馴染みの深いコーヒー。

　海抜約900メートルの生産地、非水洗式、軟質のコーヒー豆で初心者でも比較的上手く焙煎出来ることから最初に取り組むための練習用に最適。

　味覚の特徴は、スイートでマイルド、中庸の味。

コロンビア

スプレモ（大粒のコーヒー豆）。コロンビアは水洗式アラビカコーヒーとしては世界最大の生産量を誇り、高品質アラビカコーヒーとして日本市場でも馴染みが深い。

　優れた芳香、スイート、豊かな濃コク、僅かな良い酸味を有する安定した味覚のコーヒー。

　コロンビアは、ブラジルに次ぐ世界第2位のアラビカ種コーヒーの生産国。

　コーヒーの木は、山岳地帯の斜面に植えられ、

STEP 1 家庭焙煎用の最高級品質コーヒー生豆を入手する。

シェード・ツリー（コーヒー樹を直射日光から避け保護する木）の下で丁寧に育成され、手摘みされた完熟豆のみが収穫される。丁寧に焙煎すれば焼き損することは少ない。

グアテマラ

S.H.B.（ストリクトリー・ハード・ビーンズ）、アンティグア

　海抜約1400メートル以上の高地で生産される、硬質のコーヒー豆。

　芳香、味覚とも良く、コク、後味に特有の深みがある。焙煎の仕方次第で微妙に味覚が変化し、焙煎していて楽しい。

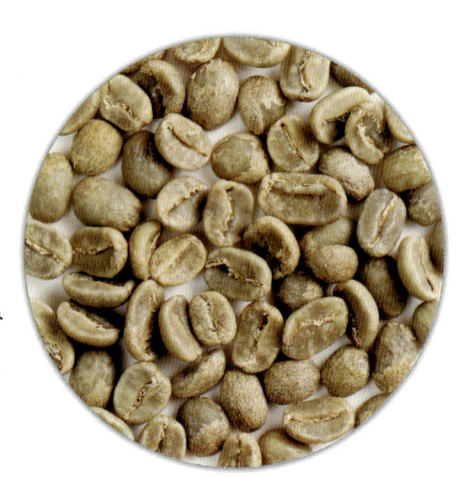

スマトラ

ゴールド・マンデリン・アラビカ G—1

　特にスマトラ島トバ湖周辺の高地産の高級コーヒー豆が良い。

　インドネシアはロブスタコーヒーの一大生産国であるが、近年アラビカコーヒーの増産を推進結果、スマトラ・マンデリン・アラビカも品質的に平均化して来ており、最高級品確保が難しくなって来ている。

　コーヒー豆の水分含有量が若干多く、他のグルメコーヒー生豆に比較して品質的に経時変化が早

い。

　本来の味を引き出すための焙煎に、最も苦労するコーヒー豆の一つである。

　それだけに、成功した時の喜びは大きい。ゴールド・マンデリン・アラビカが上手く焙煎出来るようになったら一人前である。優れた芳香、キリリとした特有の酸味と苦味、深みのあるコク、爽やかな後味を有する。従来、日本市場で、特にプロの人達に愛されて来たコーヒーである。
近年、米国市場でも評価が高まったため、価格も高騰し、高級品が確保し難くなってきている。

エチオピア

ウオッシュド・ヨーガチェフ　G-2

　高地産、硬質コーヒー、花のアロマを伴う。深いコク、甘味のある味、グルメコーヒー最高品質の一つ。

　コーヒー生豆を焙煎すると、チョコレート色に近い濃い茶色となり、コーヒー豆の中央を刻むセンターラインと呼ばれる溝にくっきりと白いシルバースキンが浮かび出て、実に美しい。

　硬質なので、焙煎豆をすくい上げて落とすとカチカチと金属製の心地よい音がする。

タンザニア

タンザニアAA(大粒・肉厚のコーヒー豆)、ケニアAA

　キリマンジャロの名で知られている。

STEP 1 家庭焙煎用の最高級品質コーヒー生豆を入手する。

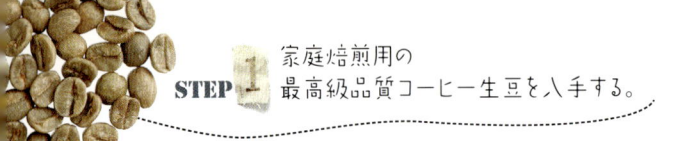

中庸の軽いボディー、リッチな酸味がある。わずかにワイニィ（花の香り、果物の香り）なフレーバーがある。ケニアＡＡもこの部類に入れたい。

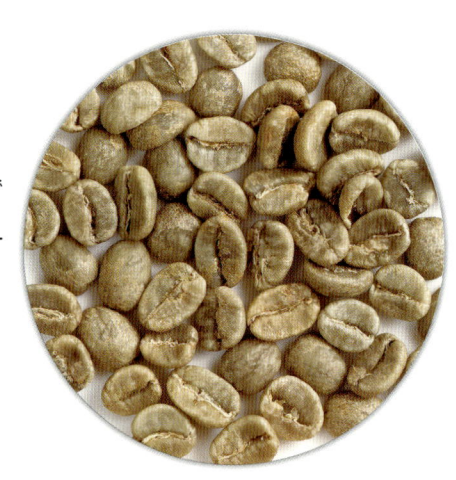

コーヒー生豆入手
知識 4

● コーヒー生豆の外観上の品質の見分け方

　上記お薦めの最高級品質のグルメコーヒー生豆を買い付けるに当たっては、販売店のエキスパートに相談し、アドバイスを得るのが一番良い方法ですが、素人でもコーヒー生豆の品質を下記の外観から判断することが可能です。

新鮮であること；　ニュークロップ、グリーンで艶がありみずみずしいこと。
　　　　　　　　　　枯れて黄色味を帯び、乾燥したオールドクロップは駄目。

香りが良い；　コーヒー生豆の段階でも優れたものはジャスミンに似た甘い香りがする。
　　　　　　　　悪臭、異臭のするものは避けること。

サイズ、厚み、重量感があること；
　　　　　　　いわゆる風格のあるコーヒー生豆であること。
　　　　　　　色、サイズが均一で夾雑物・不良豆（石、小枝、皮殻、黒豆、腐敗豆、発酵豆、未熟豆、欠け豆、虫食い豆等）が極少であること。
　　　　　　　この様なコーヒー生豆は、焙煎した際に焼きムラが出難い。
　　　　　　　特に、一粒の不良豆が混ざっていても、味覚とアロマを著しく損ない、全体を台無しにする危険性があります。
　　　　　　　近年、優秀な電子選別機の開発により、大抵の不良豆、夾雑物は除去できるようになったが、いまだ完全除去には至ってはいないです。

グルメコーヒー生豆は、これ等の条件が全てそろっていなければならない。

　コーヒーの品質は、最終的には焙煎、抽出後の味覚が決め手となるのはもろんですが、コーヒー生豆の外観からでもおよそは判別出来るものです。

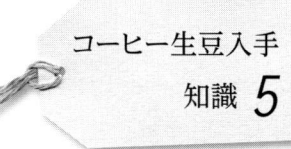

コーヒー生豆入手
知識 5

● コーヒー生豆の保管場所・方法

　コーヒー生豆は、直射日光の当たらない、湿気が少なく、涼しい場所に保管すれば、1年間位は品質保持ができます。焙煎豆が2～3週間の賞味期限であるのに比べ、はるかに長期保存が可能です。

　しかしながら、コーヒー豆も野菜と同様に時間の経過と共に水分が少なくなり、見た目もグリーンから白っぽい色に変化し、乾燥して来ます。同時に味覚の方も、すかすかの変哲も無いコーヒーになってしまいます。

　従って、必要以上の量を買い込む必要は無いでしょう。

　幸い、ネズミ、穀蔵虫喰い、ゴキブリ等の被害は無いです。

　ただしコーヒー生豆は吸臭性が強いので、かんきつ類、果物、スパイス、生魚等の匂いの強い物と一緒に保管しないことが必要です。

STEP 1 家庭焙煎用の最高級品質コーヒー生豆を入手する。

コーヒー生豆入手
知識 6

● コーヒー生豆に関する一般情報

1 日本市場におけるコーヒー生豆の輸入内容ならびにコーヒー製品化、消費の概要。

A 日本市場のコーヒー生豆輸入事情

国際取引においては、コーヒー産地国からの最低船積み単位は250袋です。（1袋当たり、コロンビアは70kg、ブラジル、インドネシア、アフリカは60kg、その他中南米は69kgのコーヒー生豆が包装されている。袋の材質は通常ジュート麻）

大手インスタントコーヒーメーカー向けにはバルク積み（フル・コンテナー・バラ積み）が増えています。まれに、コンテナー混載、あるいは小口単位を飛行便で輸送する場合もありますが、経費が割高となり品質保持の面でも問題があります。

また、輸入の際には税関での検疫検査等の壁もあります。

従って、個人が産地から直接買い付けることは極めて難しいと言えます。

産地事情、国際取引に精通した商社、コーヒー専門業者の輸入した豊富な在庫の中から買い付けた方が得策です。

世界のコーヒー生豆の総取引量は、約1億袋（1袋60kgベース）でありますが、日本は米国、ドイツに次ぐ世界第3位のコーヒー輸入国で、約45カ国のコーヒー産地国から輸入しており、年間輸入数量は約650万袋（39万トン）にも達しています。

この内、ブラジル、コロンビア、インドネシア、ベトナムの4カ国で約76％、中南米主要6カ国（グアテマラ、エルサルバドル、ホンジュラス、コスタリカ、メキシコ、ニカラグア）で14％、すなわち10カ国で約90％を占めています。また、品種別内訳はロブスタ種が約30％、アラビカ種約70％であります。

家庭焙煎の対象となる最高級品コーヒー豆（アラビカ種のみ）は；
ブルーマウンテン、グアテマラＳＨＢ，エチオピア・ヨーガチェフ、イエーメン・モカ、タンザニアＡＡ，ケニアＡＡ、スマトラ・ゴールドマンデリン、ハワイコナ・ファンシー、コロンビア・スプレモ、ブラジル・サントスNO.2　S.S.、コスタリカＳＨＢ、メキシコＡＬ　オアハカ、東チモール、その他

であり、総輸入量に占める割合は、推定6～7%程度と思われます。
これ等のコーヒー生豆は国内のコーヒー専門メーカー、缶コーヒー清涼
飲料メーカー、焙煎業者等に良く製品化され消費者に届けられます。

B 日本におけるこれ等製品化するメーカー需要家の内訳ならびに販売先

　　大手インスタントコーヒーメーカー 2社（ネスレ日本、味の素ゼネラルフーズ）
　　大手レギュラーコーヒーメーカー（U.C.C.上島珈琲、味の素ゼネラルフーズ、アートコーヒー,ハマヤコーヒー、小川コーヒー、高砂コーヒー、ドトールコーヒー等）
　　共同焙煎工場4社（関東、関西アライドコーヒーロースターズ、ユニオンコーヒー、ユニカフエ）
　　缶コーヒー清涼飲料メーカー（日本コカコーラ、U.C.C. 上島珈琲、ポッカ、サントリー、キリン、アサヒ、伊藤園、ダイドードリンコ、ネスレ日本等）
　　中堅コーヒー焙煎業者約40～50社
　　自家焙煎業者多数
　これ等業者の製品はコンビニ店、スーパーマーケット、百貨店、自動販売機、喫茶店、職場、病院、ファストフーズ店等あらゆる流通経路を経て日本国中の消費者に行き渡っています。
　なお、これ等製品の原料となるコーヒー生豆の大部分は、大手商社、大手コーヒー生豆問屋により輸入されています。
　メーカーによる産地直輸入も一部にはありますが、数量的には限られています。

STEP 1 家庭焙煎用の最高級品質コーヒー生豆を入手する。

2 コーヒーは、産地毎に独自の品質味覚を有する。

　コーヒーの栽培には、それに適した土壌と気候が必要です。

　それぞれ土壌と気候の違った所で栽培育成されたコーヒーは各産地により独自の品質味覚を有しています。

　コーヒー生豆は、産地毎に厳格な品質格付けが行われます。

　特に輸出品については厳重な管理が行われます。

　しかしながら、同じ産地国のコーヒーでも、その農産品としての特質から品質味覚が常に一定というわけではありません。

　生産年度（天候に恵まれた年とそうでない年、コーヒー木の成り年と非成り年）、コーヒー農園の場所、標高の差、精選処理方法等により品質味覚に微妙な違いが生じます。

　従って、同一産地国のコーヒーだからと言って、味覚の特徴を一律に定義付けてはいけないのです。

例えばブラジルの場合

　広大なコーヒー農園は、ミナス・ゼライス、サンパウロ、パラナ、ロンドニーナ、リオ・デ・ジャネイロ、バイア等11州におよび、年間約4千万袋（1袋60kg入り）、世界総生産量の3割強のコーヒー生豆を生産しています。

　約300,000の農園により生産されていますが、その内の70％は300袋以下を生産する小農園です。

　品質もアラビカ種とロブスタ種（コニロン）があり、処理方法も非水洗式（アンウオッシュド）、水洗式（ウオッシュド）、セミウオッシュドがあり、有機栽培コーヒーもあります。

　アラビカ種でもブルボン、ティピカ、ムンドノーボ、カツーラ等があります。

　ロブスタ種についてもブラジルは一大生産国であり、その生産量は年間約1,000万袋に達しています。

　世界市場に、大量に安定した味覚のコーヒ豆を輸出するために、ブラジルコーヒーの

大部分はブレンドされています。(ただしアラビカとコニロンをブレンドする事は無い)。ブラジルは、海外110カ国に輸出し、世界コーヒー市場全体の約3割強を占拠しており生産、輸出量共世界第一位です。

自国内のコーヒー消費量も米国に次いで世界第2位の地位になりました。

火山国グアテマラの場合も

標高約1,400メートル以上の山麓で生産されるＳＨＢ（ストリクトリー・ハード・ビーン）は、アンティグアの他に、主要産地はアテイトラン、フエフエテナンゴ、コバン，アカテナンゴ、サンマルコス等に分かれており、それぞれに違った特徴ある味覚を有します。

コーヒーの木は、シェード・ツリーと呼ばれる木により強過ぎる直射日光、暴風雨、冷たい気温から保護されて丁寧に育てられています。

また、収穫に当たっては、完熟したコーヒーの実だけを手摘みします。

水洗式処理（ウオッシュド）されたコーヒー豆は新鮮さを維持するために、パーチメントに包まれた状態でサイロに保管されており（輸出時に袋詰めする直前まで）、パーチメントがむかれた、新鮮なコーヒー豆はさらに研磨され、手作業（ハンドピック）により夾雑物、不良豆等が除去されます。

グアテマラコーヒーは、ブルボン種を主体としてティピカ、カツーラ、カツアイ種があります。

コーヒーは、栽培地の土壌、気候パターン、高地等の組み合わせにより多様で複雑な味覚、アロマが形成されます。

適当な酸味，コク、上品な甘味、芳香が特徴です。

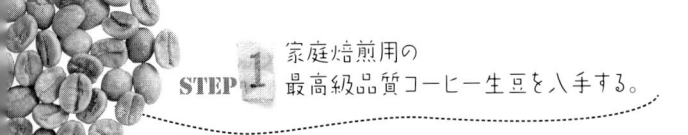

STEP 1 家庭焙煎用の最高級品質コーヒー生豆を入手する。

グアテマラの主要産地の特徴は

アンティグア： 火山渓谷、乾燥した気候，強い日射、肥沃な火山性土壌、夜間の低い温度

フエフエテナンゴ： 最も高地の栽培地域、岩を多く含む土壌

アテイトラン： 火山湖、豊富な日光、火山湖を渡って吹く微風と霧

アカテナンゴ： 火山渓谷、海抜2,000メートルの高地、粒の粗い火山砂土壌、太平洋から吹く穏やかな風は、霜害を防ぐと共に理想的な湿気を帯びた空気を醸し出す。

コバン： 霧で覆われている、年中多湿、石灰岩を含む土壌

　グアテマラの方針は、高品質コーヒー生産志向です。
　商社、大手コーヒーメーカー、コーヒー業者は安定した品質価格の製品作りのために産地からのコーヒー生豆の量的、品質的、価格的な安定確保のために日夜努力しています。

STEP 2

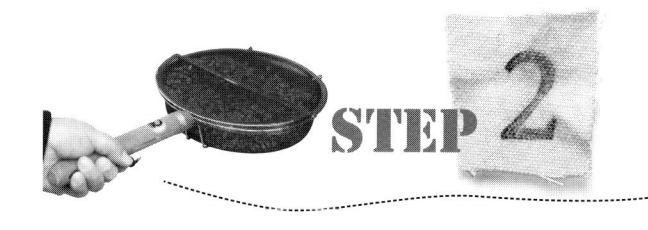

基本編

コーヒー生豆を
焙煎しよう。

STEP 2 基本編
コーヒー生豆を焙煎しよう。

焙煎の手順 1

手網焙煎器具(コーヒー生豆販売店にて販売)を用意します。

　最も原始的な焙煎のやり方ながら、コーヒー生豆の性質、焙煎過程での香り、色の変化、はじける音等を目、口、鼻、耳、手の感覚を駆使して行うことから焙煎技術の基本を身体に覚え込ませるメリットがあります。回を重ねるごとに焙煎技術は向上して行き、自分の嗜好にあったコーヒーが自在に作れる様になり、その内、並みのプロ顔負けの腕前となることでしょう。手網焙煎の手順をグアテマラSHBを使って説明します。

コーヒー生豆ひとつかみで何g?

　大人の片方の掌で掴み取れるコーヒー生豆の量は、約60gです。

　ブラジルにおける、プロコーヒー鑑定士養成コースでは、コーヒー豆の乾燥度合い、粒の大きさ、不純物混入の多寡等にかかわらず、正確に60gを掴みとる訓練が行われます。

　1ロットから、300gのコーヒー豆サンプルを取り出し、品質格付けのベースにするのが基本ですが、農園、精選工場、港湾倉庫、取引場所等において、重たい重量測定器が無くても、自分の手に正確な測定器の役割を果たさせるための訓練なのです。

　300gなら、60g×5回。600gなら10回という具合です。

　一度、ご自分でも試してみては如何でしょうか。

焙煎の手順 2

先ず、コーヒー生豆1回分焙煎量、約400g（1杯200gのメジャーカップ2杯分、あるいは小型計量器で測定）を手網焙煎器に入れる。

　あらかじめ、購入したコーヒー生豆5kg包装から、1回分400gを小分して保存する密封容器に保存しておくのがいいです。

　小型計量器（スケール）で計っても良いが、家庭用プラスチック製メジャーカップ（200g入り）を使えばより簡便です。

　このメジャーカップ2杯分は、ちょうど1回の焙煎量400gに相当します。

　これを、上の写真のように400～500g入りの密封容器に保管し、何時でも焙煎出来るようにしておくとよいでしょう。

基本編
STEP 2 コーヒー生豆を焙煎しよう。

焙煎の手順 3

家庭台所ガスコンロの炎で焙煎、換気扇を回す。

　ガスコンロの上にある換気扇を焙煎の間中（焙煎後もしばらく）回しておきます。
　これは、ガスの炎を周辺の空気に馴染ませ垂直かつ均等にコーヒー豆に接触させるためで、またガス炎から発生するガス臭、水蒸気並びに焙煎中のコーヒー豆が発する煙、異臭を飛ばし吸い取るためです。
　特に焙煎中、煙に巻かれたコーヒー豆はスモーキー（煙臭）となりコーヒー本来の味覚を損し、特にスッキリ感を無くす恐れがあるので換気扇の役割は大切です。

焙煎の手順4

焙煎のための炎の加減と手網器具の動かし方。

　ガスコンロの点火。炎の大きさと火力は強火80％程度。
　手網焙煎器の底辺を、ガス炎の先端から2〜3ｃｍ離した位置に置き、高さを平行に保ちつつ左右あるいは円形に揺すり続けます。
　炎を直接当てると、焙煎時間は少なくて済みますが、コーヒー豆に焦げが生じて味覚を損なう場合があります。
　片手だけでは疲れるので、時折もう一方の手に持ち替えて焙煎すると良いでしょう。
　最後の微妙な調整場面では、利き腕を使用することをおすすめします。
　手のグリップと腕の筋肉強化のための運動にもなり、健康にも良いと思うと、そんなに疲れないと思います。

STEP 2 基本編
コーヒー生豆を焙煎しよう。

焙煎の手順 5

焙煎時間、コーヒー生豆の変化、焙煎度合い、調整。

　手網を揺すりながら焙煎を続けると、やがて、グリーン色のコーヒー生豆が黄色に変化し、生臭い匂いを発するようになります（写真上）。ブラジルコーヒー（非水洗式製法）の場合、シルバースキン（コーヒー生豆を覆う薄い皮膜）がコーヒー豆から剥離し落ち始めます。（コロンビア、グアテマラ等水洗式の場合はシルバースキンの量は比較的少ないですがコンロの周りに落ちます。〈37ページ写真上〉）。

　さらに焙煎を続けるとコーヒー豆は茶色に変化し、コーヒー独特の甘い芳香を発散し始めます。

　ここから最終仕上げまでが最も大切な段階。神経を集中して慎重に焙煎することが必要です。手網焙煎器とガスの炎との距離を離したり近付けたり、また火力も微妙な調整が必要となります。

　茶色が濃くなるに連れてコーヒー豆が十分に膨らみ、パチパチ、プチプチと音を立てなが

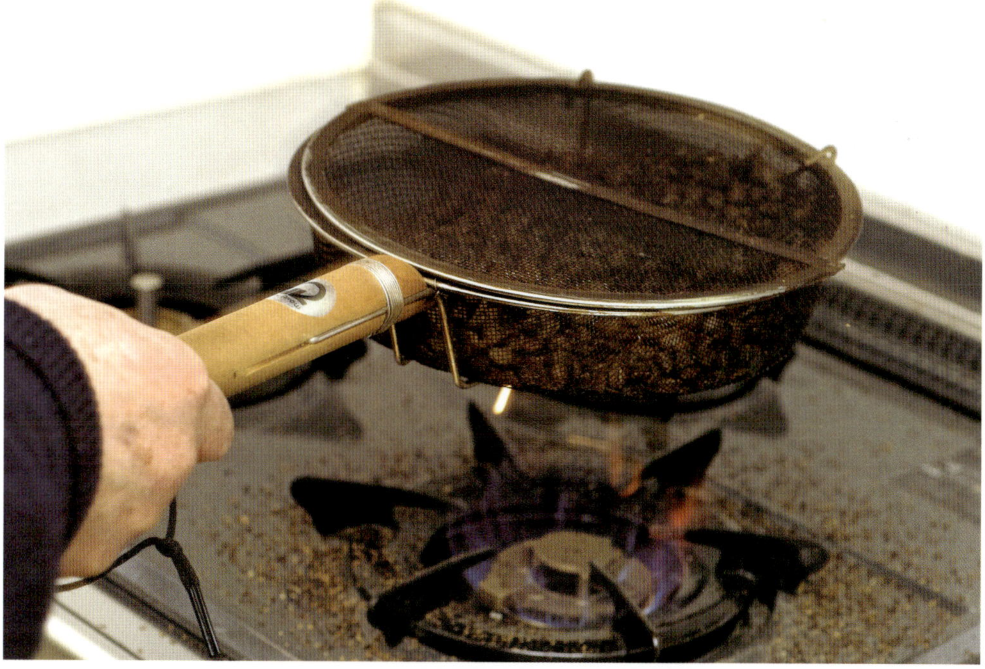

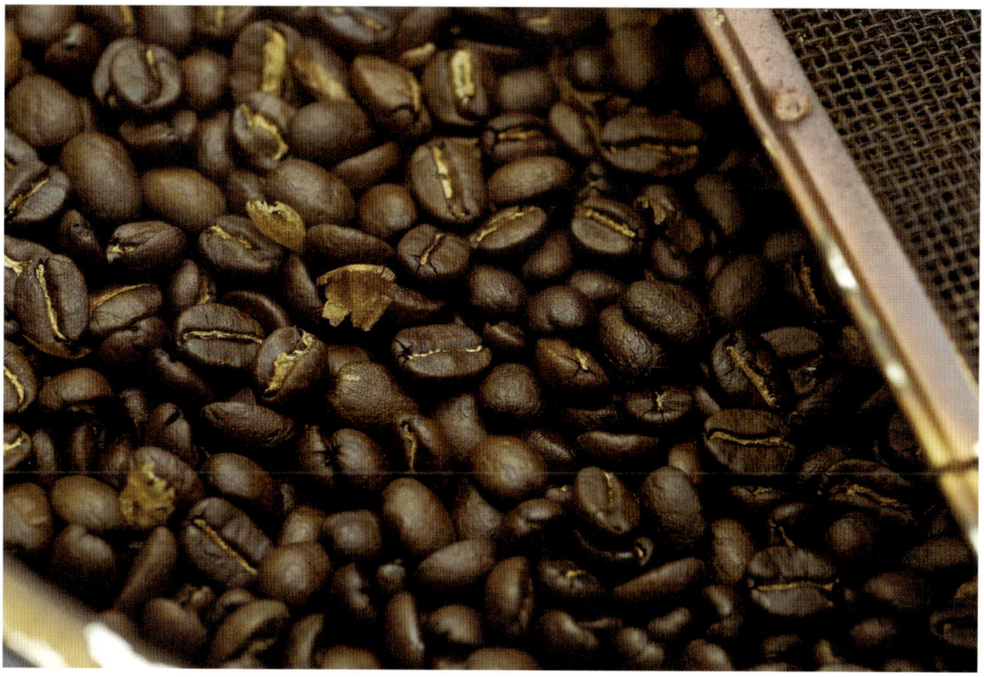

STEP 2 基本編
コーヒー生豆を焙煎しよう。

ら弾け始める(1番弾け)と共にさらに甘い芳香を発散するようになります。

　コーヒー全部が弾け終わり、音がしなくなれば一応焙煎は終わり、後は余熱で焼き斑を無くし、照りを加えて完了である。(1番弾けが終わった後も焙煎を続けると2番弾けが始まれます。)

　十分に膨張してはじけた焙煎豆の表面は滑らかで光沢があります（37ページ写真下）。

　薄黒く、くすんだ色で表面にシワの寄ったものは、余り上手く炒れてないか、あるいはコーヒー生豆自体が良くない場合です。

　写真のグアテマラSHBの他、エチオピア・ヨーガチェフ等の高地産の硬質コーヒー豆の場合は、この後の2番弾けが終わるまで焙煎を続ける必要があるとの説もありますが、1番弾けの段階までに既述のごとく、じっくりと炒り込んでおけば、2番弾けにそれ程手間を掛ける必要は無く、小さくピチピチと言い始めた段階で直ぐに止めると良いと思います。

　高地産の硬質の最高級品のコーヒー豆を上手く焙煎すると、深いチョコレート色で豆の表

面が照り輝き、センターラインとよばれる割れ目に白い線（シルバースキン）がくっきりと浮かび上がり実に美しい焙煎コーヒー豆となります。

また焙煎豆をすくい上げて落とすと豆同士が触れ合いカチカチという硬質の心地良い音が聞け、また焙煎豆の段階で既に素晴らしい芳香を発散します。

抽出時の芳醇な味覚をこの段階で既に予感出来るのも醍醐味です。

低地産、軟質のブラジルコーヒーの場合は1番弾けの後、2番弾けのピークを待たずに始まりの小さくピチピチという音のする手前で止めること。

いずれにせよ、当該コーヒー豆の特徴ある芳香味覚を十分に引き出すには、コーヒー豆を十分弾けさせることが必要です。

しかしながら焙煎豆が黒色（墨色）となり豆の表面に油が浮く状態にまで焙煎してはいけません。

これらに要する焙煎温度は、摂氏200〜230度、焙煎時間は通常15分〜20分程度です。

しかしながら、この焙煎温度と時間は、あくまでも一般的な目安です。
コーヒー生豆は産地、精製処理方法、品質、特徴に応じて、その豆に最もふさわしい味覚をより多く引き出すための「焙煎ポイント」を見つけ出すことが必要です。
出来る限り多くの焙煎を重ねることにより、見つけられるものと考えます。

さらに細かいことを言えば、焙煎をする際の環境、春夏秋冬の季節の変化、室内温度、湿度、焙煎する本人のその日の気分等によっても焙煎状況も微妙に変化するものです。

一般的には、浅炒り、中炒り、深炒りの3段階、さらに細分化した焙煎度合いがありますが、これ等は主に焙煎にかける加熱温度と時間の長短により変化するものです。

浅炒り、中炒り、深炒りとは、焙煎されたコーヒー豆の外観上の色合いによる焙煎度合いを示す基準です。

消費者向け用途目的（業務用、家庭用、喫茶店、缶コーヒー原料、アイスコーヒー等）に応じて焙煎度合いを変えています。

アイスコーヒーやミルクコーヒー用には、深炒りしたロブスタ種コーヒー（霜害、旱魃、

基本編
STEP 2 コーヒー生豆を焙煎しよう。

病虫害に強く、低地の痩せた荒地でも栽培可能で、大量生産、低価格、カフェイン含有量、コーヒー抽出度合いも高く、インスタントコーヒー原料、ブレンドコーヒーの増量剤としても使用されている）が使用されることが多いです。

また焙煎度合いを、色の濃淡で数値価（カラー値）するカラー測定器も使用されていますが、味覚の変化とカラー値とは必ずしも一致するものではないでしょう。

一般的には、浅炒りの場合は酸味がより強く出て、悪い欠点要因が発生しやすいと言われます。

深炒りの場合は苦味が増し、悪い欠点要因が消されるといった傾向にあります。

しかしながら、グルメコーヒー生豆の場合これ等は余り意味を持たないと言えます。あくまでも、「グルメコーヒーの持つ最適の焙煎ポイントを理解し掴むこと」が必要です。

焙煎の手順 6

● 焙煎したコーヒー豆を冷ます。

机の上に新聞紙を広げ（焙煎したての豆は高温なので熱で机を痛めないように新聞紙は2枚敷く）、その上に、手網焙煎器から炒り終わった焙煎豆を平たく広げます（38ページ写真）。

室温で約30分間放置して冷まします。

室温の低い冬場では20分もあれば十分。

夏季には、少し時間がかかるのでウチワなどであおいで冷ますのも一方法。

その間に、黄色、白っぽい色の豆（未熟豆、発酵豆、しいな豆）、焦げた豆（欠け豆、虫食い豆）、その他の夾雑物を手で取り除いて（ハンドピック）おく。

既述のグルメコーヒー生豆には、もともと不良品、夾雑物等はほとんど含まれていませんが、生豆の段階では目立たなかったものが、焙煎後に、はっきりと現れて来るものもあります。

これ等の不良品はコーヒーの味覚を損なう要因となることから、取り除いておいた方が良

いです。

　また、冷ました焙煎豆を新聞紙から保管容器に移す際に、チャフ（コーヒー生豆に付着したシルバースキン等が、焙煎する事により剥離したもの）が残ります。これは、残しておいても味覚を損なうものではないですが、外観を損なうので、あえて残す必要もなく捨てておいた方が良いでしょう。

焙煎の手順 7

新聞紙は各品種別に分けて敷き、焙煎豆、小分け容器に入れた焙煎前のコーヒー生豆、冷ました焙煎豆を入れる密封容器をそれぞれの位置に並べて置く。

コーヒー生豆と焙煎後の変化、焼き上がり、色、香り並びに他品種との比較も出来ます

新聞の上の焙煎豆を移すコツ

冷ました焙煎豆を新聞紙から保管容器に移す簡単な方法

　新聞紙の4ツ角をつまんで持ち上げ、焙煎豆を中央に集める。

　そのまま、新聞紙を半分に折りたたんで、その片方の先から容器に一気にサッと注ぎ込む。

　その際、容器の口半分を片手の掌で覆うって行うと焙煎豆を一粒もこぼすことなく容易に移すことが出来る。

　これも、仕事を手際よく進めるためのプロのやり方の一つである。

STEP 2 基本編
コーヒー生豆を焙煎しよう。

焙煎の手順 8

焙煎したコーヒー豆の保管する。

　400ｇのコーヒー生豆を焙煎すると水分蒸発、炭酸ガスを放出、その他構成物質減少により約15～20％重量が目減りします。
　一方、量的（かさ）には約60％増えることから焙煎豆の保管容器は650ｇ～700ｇ位入るものを用意する必要があります。
　一般家庭では、使用済みのガラス容器（ピックルス、ジャム、インスタントコーヒー等）で蓋がきっちりと閉まり密封状態が保てるもので、匂いが残らないように良く洗浄したものを使用すると良いでしょう（43ページ写真参照）。
　コーヒー産地、品質規格等を記入したラベルを側面や蓋に貼ります。
　粉砕、抽出、ブレンドの際に、認識できるようにしておきます。
　これ等容器は直射日光の当たらない涼しい場所で、湯水がかかったり、他の臭いの強い食材、（たとえばスパイス、果物、菓子類、化粧品、薬品類）の臭いが移らないような場所に保管すること。
　毎日使用するため、台所の手の届きやすい棚に並べて置くのも良いです。
　一般家庭では、3瓶（3種類）の焙煎コーヒーがあれば、2～3週間は大丈夫です。
　焙煎したてのコーヒー豆を冷まさずにいきなり容器に入れてはダメです。
　水蒸気、煙、熱、ガス等が容器内にこもりコーヒーの味覚を損なうからです。
　2～3週間以内に使用するもの故、冷蔵庫に保管する必要はないです。
　コーヒー焙煎豆も保管容器の中で、息をしながら日々熟成しています。
　一般的には、「炒りたて」「挽きたて」がベストと言われていますが、
　炒りたて時よりも2～3日経過した頃の方が、味が落ち着き本来の味が出て来て美味しいです。
　ですから、完全密封でない方が、かえってコーヒー味覚の経時変化が楽しめるメリットも

あります。

　ただし、一旦粉砕した粗挽きコーヒーは直ちに熱湯抽出して飲んだ方が良いです。

　粉砕したコーヒーは空気に触れると時間の経過と共に芳香、風味が失われます。

　焙煎コーヒー豆の賞味期間は、通常の包装形態では2〜3週間が限度。

　商品として流通しているコーヒー粉の場合は、焙煎工場、搬送、小売店頭販売等々、多くの流通段階を経て消費者の手元に届くまでに相当の期間を有しています。

　一方、家庭焙煎の場合、上記期間は省略され、最も新鮮な状態でコーヒーを楽しむことが可能です。

STEP 2 基本編
コーヒー生豆を焙煎しよう。

STEP 2

応用編
焙煎が少し難しい
コーヒー生豆
にも挑戦。

STEP 2 応用編
焙煎が少し難しいコーヒー生豆にも挑戦。

1 グルメコーヒー生豆焙煎技術向上のための具体的段階
（初級者からベテランまで）

　次に①から⑤まで、順に段階を追って焙煎が難しくなるコーヒー豆の例を紹介します。この順で焙煎の練習をすることをおすすめします。

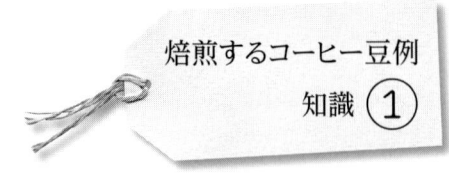

焙煎するコーヒー豆例
知識①

ブラジル　サントス　NO.2，SC（スクリーン）18、S.S.（ストリクトリー・ソフト）、ニュークロップ　アンウオシュド（非水洗式）アラビカ種コーヒー

　世界最大のコーヒー生産国。消費国としても米国に次いで第2位。
　ブラジル・コーヒーは、世界市場で最も多く飲まれ親しまれているコーヒーで、日本市場でもコーヒー豆総輸入量の約27％を占め、第一位です。
　味覚はマイルドで、酸味が少なくソフトでマイルドな中庸の味覚のコーヒーです。供給量も多く価格も比較的安値であることからブレンドのベースになっています。またクリーミーで独特の苦味を持つことからエスプレッソコーヒーには欠かせないものです。
　ブラジルコーヒー豆の品質規格は、国により定められており、専門の品質格付士により基準に沿って厳重に品質格付けが行われていますが、基準に付いて大雑把に説明しますと、
　（イ）外観（豆粒の大きさ、形状スタイル、色、鮮度、乾燥状態、焙煎後の状態等）
　（ロ）欠点豆、夾雑物の混入状況（黒豆、腐敗豆、虫食い豆、未熟豆、砕け豆、シイナ豆、貝殻豆、外皮つき豆、パーチメント付き豆、大小の外皮、小石、枝

葉、土くれ等）

（ハ）サイズ（コーヒー豆の粒のサイズ）

（ニ）味覚（ソフトで軟らかい、ハードで渋い、薬品臭、その他欠点豆、夾雑物、異物混入から生ずる異味、異臭のするもの）が基本的なものです。

ブラジル　サントス　NO.2、SC18、S.S.は、その中の最高級品です。夾雑物がほとんど無い〈異味異臭が無い〉、豆が大粒で風格がある（焼きムラが出ず美しい焼き上がりとなる）、味覚（非常にソフトでクリーミー）。

産地は標高600～900メートルの低地で生産されるため、軟質のコーヒー豆であることからコーヒー豆焙煎の初心者でも、比較的容易に焙煎出来ます。即ち、焙煎ポイントの幅が比較的広いのです。

難点は、アンウオッシュド〈非水洗式〉コーヒーであることから、生豆の表面にシルバースキン（銀皮）と呼ばれる薄皮が付着しており、焙煎で剥離してガスコンロに降り積もることから焙煎後の掃除に手数がかかることです。

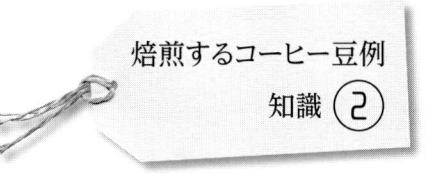

焙煎するコーヒー豆例　知識②

コロンビアコーヒー、スプレモ、ハンドピックド

コロンビアは、アラビカ種コーヒーでは世界第2位の生産量を誇ります。

ウオッシュド（水洗式）の代表格のコーヒー。栽培、生産、品種改良、流通から消費に至るまで管理が最も良く行き届いている生産国です。

スプレモは大粒均一サイズで、夾雑物や欠点豆は人手で除去されており、焙煎の際、焼きムラ無く美しく仕上がるコーヒー豆です。比較的焙煎し易いコーヒー豆です。味覚の特徴は、芳醇な芳香、程よい酸味とコクです。優れた酸味、

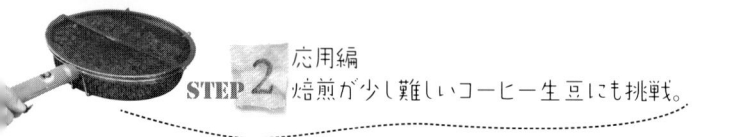

STEP 2 応用編
焙煎が少し難しいコーヒー生豆にも挑戦。

コクとは何かを理解し、把握するには最適なコーヒーです。

焙煎するコーヒー豆例
知識 ③

グアテマラ、SHB（ストリクトリー・ハード・ビーンズ）、アンティグア

海抜約1,400メートル以上の高地で生産されるコーヒー豆。

標高2,000メートル以上の高地で生産されるコーヒー生豆の色は青みがかったグリーンで、正にコーヒーの宝石と言えます。

上手に焙煎すると、豆の表面が照り輝き、センターラインと呼ばれるコーヒー豆中央の割れ目（センターライン）に、くっきりと白いシルバースキンが浮き上がり、実に美しい焙煎豆に仕上がります（37ページ写真参照）。これはウォッシュド（水洗処理）の特徴である。焙煎豆を手の平ですくい上げて落とすと豆同士が触れ合いカチカチと言う硬く締まった心地よい音が聞けます。味覚の特徴は、芳醇な芳香、深みのあるコクと上品な酸味、すっきりとした後味です。

焙煎度合いは、1番目のパチパチという弾け音を聞いたら手網器具とガス炎との距離を調整しながら焼け具合を見て行きます。

2番目の弾けが始まったら終了。あとは余熱を使って焙煎豆が均等に炒れて美しい照りと白い線が浮かび上がっているかを確認して完了です。

エチオピア、ヨーガチェフ、グレード2、ウオッシュド・アラビカ（エチオピアモカコーヒーの最高級品）、ケニアAA等も本段階に入れたい。

ヨーガチェフの特徴は独特のモカ臭と呼ばれるワインの様な香りと深いコクと甘い味にあります。グルメコーヒー生豆の最高級品の一つと言えます。

　2番目の弾けのピチピチと音がするまで待つのは，炒り過ぎでコーヒー豆の表面に油が滲み出るまで焼いてはダメ。せっかくのグルメコーヒー生豆を台無しにしてしまいます。

　なお、2番弾けまで焙煎してもよいのはグアテマラ、ヨーガチェフ等の硬質コーヒーの一部に限られ、ブラジル、コロンビア、スマトラ・マンデリン等には向かないです。

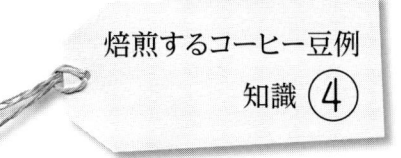

焙煎するコーヒー豆例　知識④

スマトラ・マンデリン・アラビカ　NO.1、ゴールドマンデリン（セミ・ウオッシュド）

　特に、観光地避暑地として名高いスマトラ島北西部トバ湖周辺の高地で生産されたアラビカ種コーヒーはグルメコーヒー生豆の逸品です。

　味覚の特徴は、花に似た芳醇な香りと深いコク、強くない酸味、爽やかな苦味、スッキリとした後味。他のコーヒーにない独特の風味を持ち、日本市場では、長くプロに愛されてきたコーヒーです。

　最適の焙煎ポイントの幅が狭いため、本コーヒーの本来の味覚を十分に引き出すには相当な焙煎技術を必要とします。

　他のコーヒー生豆に比し、水分含有量が若干多く、生産、収穫、精選等にも多少のむらがあり経時変化も早いです。

　同じ銘柄の物でも品質に相当な相違があります。

　産地、完熟実のみを手摘みしたもの、色がグリーン、あめ色で新鮮かどうか、

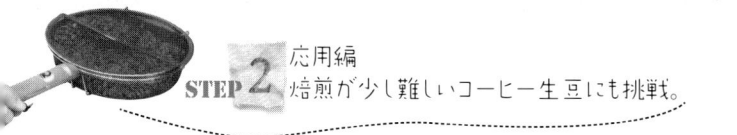

STEP 2 応用編
焙煎が少し難しいコーヒー生豆にも挑戦。

ハンドピックにより豆のサイズが均一で夾雑物の混入がないこと等がチェックポイントです。

スマトラ・マンデリンが上手に焙煎出来る様になれば一人前です。

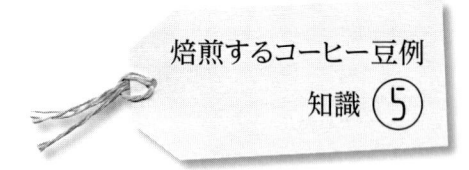

焙煎するコーヒー豆例 知識⑤

インドネシア　ロブスタ　WIB-1（水洗式）

ロブスタ種コーヒーは一般的には病気、虫害、霜害、天候の変化に強く、低地の痩せた土地でも大量かつ低コストで生産出来るコーヒーで、グルメコーヒー生豆の対象外ですが、東部ジャワ島で整備管理された国営コーヒー農園で生産された水洗式ロブスタ種コーヒーは、他のロブスタ種コーヒーとは一線を画す独特の風味を持つことからグルメコーヒー生豆の仲間に加えたいと思います。

また、アラビカ種コーヒーとは違ったロブスタコーヒーの形状（105ページ参照）と味覚の特徴を理解し把握するためにも取り上げました。

ただし、同じ東部ジャワ産ロブスタ　WIB-1でも農園により品質のばらつきが大きいため、管理の行き届いた農園指定（農園番号により判断）で買うのが得策でしょう。

特に精選処理段階での不備による発酵臭のあるコーヒー生豆は避けたほうが良いでしょう。

焙煎は既述のアラビカ種コーヒーに比べて容易です。

STEP 3

焙煎コーヒー豆を
抽出する。

STEP 3 焙煎コーヒー豆を抽出する。

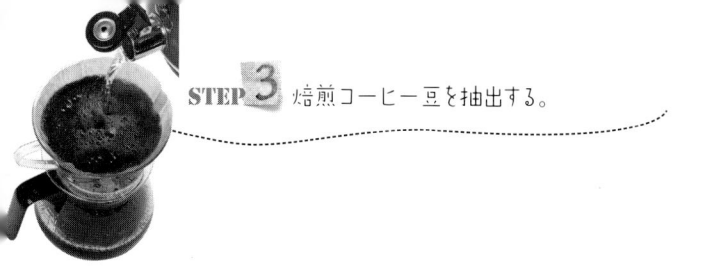

　コーヒー抽出の前に、まず、コーヒー豆をミルで粉にします。コーヒーを挽く手順と、抽出する手順は、次の通りです。

粗挽きの手順 1

焙煎コーヒー豆粉砕のための器具を用意します。

　焙煎コーヒー豆を挽いて粉状にするための器具は手動手回し、電動（カッテイング、磨り潰し）他多種ありますが、**今回は市販の家庭用電動小型ミル（羽歯回転プロペラによるカッティング方式）を使用します。**

　操作も簡単、手軽で便利だからです。

　1回当たり最高100ｇ（10人分）程度までは挽くことが出来るものをおすすめします。

　種類の違う焙煎コーヒー豆を挽く場合は、前回挽いたコーヒーの粉がミル内に残っていないようにすること（前後の味がミックスするのを防ぐため）。

　このことは、業務上、プロの場合は必須条件です。家庭では余り神経質になる必要はないですが、一応心得ていてください。

　なお、炒りたて、挽きたてが良いとの説もありますが、焙煎直後の熱いコーヒー豆をいきなりミル（粗挽き器具）にかけるとコーヒー豆が発熱し、燃え出したり、そこまで行かなくても焦げ臭くなったりしますので、十分に冷ましてから挽くようにしましょう。

粗挽きの手順 2

粗挽きの度合い。

粗挽きの度合いは、コーヒーの抽出方法、目的に応じて相違します。

細かく粉状に粉砕する（フアイン・グラインド）
煮出しコーヒー、エスプレッソ・コーヒー、アイスコーヒー用

中挽き（ミデイアム・グラインド）
ペーパーフィルター使用のドリップ式コーヒー抽出、電気コーヒーメーカー。
余り粉の粒子が細かいと目詰まりを起こします。

荒挽き
サイフォン抽出

グルメコーヒー生豆の場合は、中挽きよりも少し細か目に挽いた方が良い。

粗く挽いた場合はせっかくのコーヒーの良さが十分に抽出されません。

粗く挽いたコーヒーは目詰まりを起こさず、ドリップの速度も速く、雑味、異臭等の悪い要素が抽出され難いといったメリットもあり、抽出度合いも薄く、多目の量を要することから消費量促進の商業的メリットはありますが、グルメコーヒー生豆の場合は雑味、異臭は極めて少なく、良い持ち味を100%引き出すためには、細かく挽いた方が良いと思います。

STEP 3 焙煎コーヒー豆を抽出する。

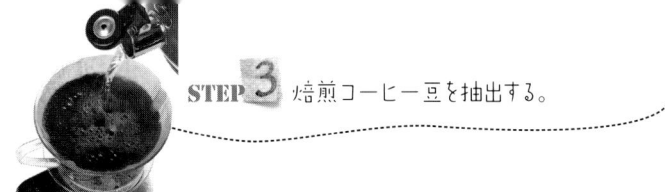

手づくりコーヒーで作るアイスコーヒーも最高

　一般に、アイスコーヒー用のコーヒーはロブスタ種や、少し等級の低いコーヒー豆をブレンドして、表面に油が浮き出て真っ黒になるまで深炒りしたものを、細挽きし、抽出度を濃くして抽出液を作ります。

　しかし、手づくりコーヒーでは、グルメコーヒー生豆（例えば、タンザニアAA）を本書の基準に従って焙煎、粗挽きし、濃い目に抽出。その抽出したての熱いコーヒー液を、大きめのかち割り氷と砂糖を入れた厚手のガラスコップに直接注いで作ったアイスコーヒーは、実に美味しいです。

　好みに応じて、ミルクやコーヒークリームを追加しても良いです。

淹れる　手順 1

ペーパーフィルターを使った熱湯ドリップ方式。

　ペーパーフィルター、紡錘形フイルター器具、抽出コーヒー液を受けるポット等、コーヒー専門店の他、百貨店、コンビニ、スーパーでも市販されています。

　ペーパーのフィルター側面と底面の線に沿って折り、紡錘フイルター器具に密着させて設置します。

淹れる　手順 *2*

良質の水をヤカンに多目に入れて
ガスコンロの上で沸騰させる。

　美味しいコーヒーを淹れるのに最も重要なことの一つは、良質の水を使用することです。

　一般家庭で、日常使用するのは水道水ですが、消毒用のカルキを含み塩素臭のするもの、異味異臭のするものは、避けるべきです。

　今まで苦労して作ってきたコーヒーを台無しにしてしまう恐れがあります。

　最近は優れた家庭用浄水器が市販されていますので、これを水道蛇口に取り付けて、浄化した新鮮な水を使用することが最低限必要なことです。

　早朝一番に使用する場合には、夜中に浄水器に滞留した水を流出させた後の新鮮な水を使用すると良いです。

　古い溜め水、沸騰させた後に冷ました水は使用しない方が良いです。

　市販のミナラルウォーターは毎日使用するには高値でコストがかかり過ぎます。

● コーヒーを淹れるために使用する水質の重要性に付いて

　コーヒーに限らず、あらゆる飲み物（緑茶、紅茶、ウーロン茶、清酒、ウイスキー、コーラ、清涼飲料）に対し、水質の重要性は言うを待たないでしょう。

　美味しいコーヒーを淹れるためには、良質の水を使用することが必須条件です。
異味異臭のする水では、せっかく今まで努力して造って来たグルメコーヒーの味を台無しにしてしまいます。

　家庭でコーヒー液抽出に使用する水は、通常水道水ですが、消毒液カルキを含み塩素臭のする水は避けた方が良いでしょう。

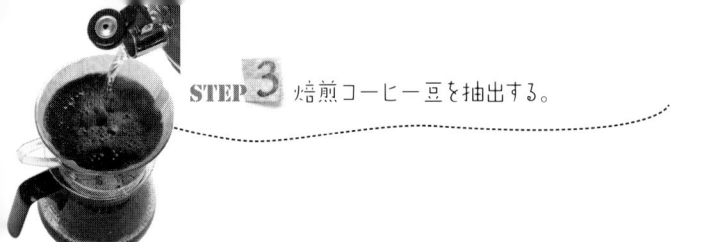

STEP 3 　焙煎コーヒー豆を抽出する。

　近年優れた家庭用浄水器具（活性炭の濾過装置）が手軽な価格で手に入るので、これを水道蛇口に取り付けるのをおすすめします。

　異味異臭の除去された美味しい水が得られます。

　もちろん、天下の名水と呼ばれる各地の湧き水が得られれば、それに越したことはないですが、日常生活において常時手に入れることは、中々難しいです。市販のミナラルウオーターも毎日使うとなると結構高値につきます。

　幸い、良質の水に恵まれた我が国においては、上記処理を施した水道水で十分です。

　しかしながら、機会が有れば天下の名水（富士山麓湧き水、蓼科高原、六甲山の宮水、山崎の里水、蒜山高原塩釜冷泉等）を使ってコーヒーを淹れることを勧めます。

　水によって、コーヒーの味覚がこうも違って来るものかとの認識を新たにされるものと思うます。

　ちなみに、ブラジルでのプロ・コーヒー鑑定士養成専門学校での味覚に関する最初の訓練は、あらゆる種類の水（各地域の川、地下水、湧き水、溜池水、雨水、水道水、海水、蒸留水、等々）の味を識別することから始まります。

　また、コーヒー液抽出の際には、古い水、一度沸騰させて冷ました水、蒸留水等を使わない方が良いです。水中の空気酸素が抜けていて、コーヒー抽出の際に生ずる膨らみ、盛り上がりを生じさせないです。

淹れる　手順 3

用意した水をヤカンに入れ、ガスコンロにかけて沸騰させる。

　コーヒー抽出に使う熱湯の温度は摂氏90〜96度位が良いと言われていますが、家庭ではヤカンの水が沸騰したら直ぐに火を止め、10秒位過ぎて落ち着いた状態の熱湯を使うのが

良いです。

　ヤカンは良く洗い、鉄サビ、金物臭の無いようにすること。

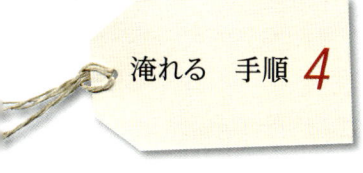

淹れる　手順 4

沸騰したての熱湯の湯垢を除くことも兼ねて、最初の熱湯はコーヒーカップを温めるために使用。

　熱湯は、各コーヒーカップの底に5ミリ～1センチ溜まる程度に注ぐとコーヒーカップは十分温まります。外気が冷たい環境下では熱湯を少し追加します。

　カップ一杯に湯を注いで温める必要はないです。

　このコーヒーカップの湯は、コーヒー抽出液を入れる際には捨てます。

　美味しいコーヒーを淹れるには、コーヒーカップは冷たいものより温めたものの方が良いです。

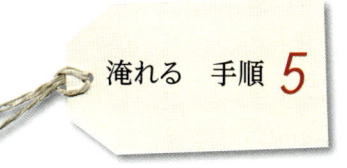

淹れる　手順 5

コーヒー抽出の際には、
そのつど、焙煎コーヒー豆を粗挽きする。

　2人分、2カップの場合、通常、焙煎豆16～20gだが、お替わり分も含めて多い目に挽きます。

　挽く際に、発散するコーヒーの芳香を嗅ぎ、記憶に残しておくようにしましょう。

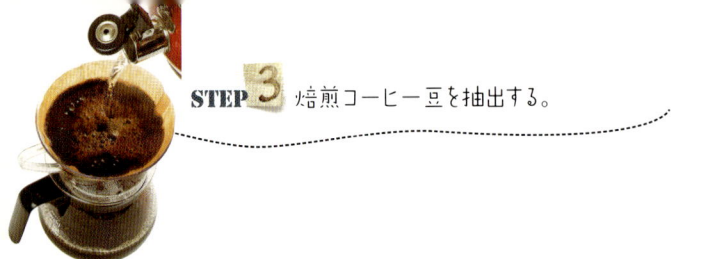

STEP 3 焙煎コーヒー豆を抽出する。

淹れる　手順 6

挽いたコーヒーの粉をフィルター器具に設置したフイルターペーパーに入れる。

粉は偏らないように平らに、均等の高さに調整して入れ、中央に少し凹を付けます。

淹れる　手順 7

コーヒー粉にお湯を注ぐ。

　ガスコンロでヤカンに入れた新鮮な水を沸騰させた後、火を止め、10秒位でヤカン口から湯気が出なくなり、ヤカン内のグラグラと煮え立つ沸騰する音が消えて落ち着いた頃（熱湯温度摂氏96度前後）の熱湯を使用します。

　80度以下の湯ではコーヒー液を十分に抽出することが出来ず、コーヒーの味覚を満足に引き出せません。

　熱湯は、まず、コーヒーの粉全体を湿す程度に注ぎ，盛り上がりと共に、少しずつ継ぎ足していきます（59ページ写真）。

　新鮮で挽き立てのコーヒーにはガスが残っており、熱湯を注ぐと泡を立てながら大きく盛り上がり、芳醇な香りを放ち始め、それが室内全体に広がります。

　このように、コーヒーの素晴らしい芳香を楽しめるのも手づくりコーヒーならではの楽し

みです。

　盛り上がりの頂点までゆっくりと、かつ慎重に熱湯を注ぎます。膨らむのがおさまったところで、抽出液のフィルターからポットへの落下状況に合わせて、全体にゆっくりと万遍なく少しずつ注いでいきます（60ページ写真）。

　表面の泡が白っぽくなり、泡が切れて浮かんでいる状態になったら熱湯の注入を中止します。

　後は、フィルターの下で抽出液を受けるコーヒーポットにコーヒー抽出液の量が必要分（ポットには通常人数分の目盛り線が刻まれている）溜まっているかどうか、液の濃さ等をチェックしながら熱湯注入量を微調整します（61ページ写真）。

　コーヒー抽出に当たっては終始、慎重に神経を集中し、心を込めて行ないます。

STEP 3 焙煎コーヒー豆を抽出する。

　コーヒー抽出液の濃い薄いは、注ぐ熱湯の量の多少にもよりますが、熱湯の温度、焙煎度合い、粗挽き度合い等とのバランスでも変わります。そのコーヒーの特徴を最大限引き出すためのポイントを早く見つけ出すことが必要です。

　また、コーヒーを淹れるに当たっては、本人の好み、その日の体調、季節天候気温、周囲の環境、料理の内容等に合わせて臨機応変に調整する面白さもあります。

　一般的な目安としては、

	（1人分）	（2人分）
粗挽きコーヒー	約**6**g	約**12**g
熱湯（摂氏約96度）	約**180**cc	約**360**cc
抽出液（1杯カップ分）	約**160**cc	約**320**cc

　夫婦で、カップ2杯ずつ（合計4杯）飲むとすれば、粗挽きコーヒー24ｇ、熱湯720cc、コーヒー液640ccが、1回の目安となります。

　家族、来客の人数に応じて、上記目安を基準に増やして行けば良いでしょう。

STEP 3 焙煎コーヒー豆を抽出する。

　1人、2人分よりも、数人分を、多くの粗挽きコーヒーと熱湯を使って、たっぷりと抽出した方が、さらに美味しいコーヒーを楽しむことが出来ます。

　手づくりコーヒーのコストは安い故、粗挽きコーヒーの量をケチらずに、思い切り良く使えば良いです。

　余って冷めたコーヒーでも、上質のものは美味しいものです。

淹れる　手順 8

特に、コーヒー抽出に当たっては、心から愛情を込めて行うことが肝要です。

これは、美味しいコーヒーを淹れるための必須条件の一つです。
もちろん、コーヒー豆の焙煎、その他の作業においても同様です。

ペーパードリップ以外の抽出法

沸騰する熱湯の中に粗挽き（細挽き）コーヒーを入れて**煮出しする方式**。

粗挽きコーヒーに熱湯を掛けて抽出する**ドリップ方式**、サイフォン原理を応用した**パーコレータ方式**。

エスプレッソ方式は、蒸気圧力を掛けて抽出。高速で短時間約20秒、少量の水（蒸気）を使って非常に濃いコーヒーを抽出する。

カフェインの抽出量が少ない。他の方法では1カップ当たりの粗挽きコーヒーの使用量は10～15gに対しエスプレッソの場合は6～7g使用。

近年、各方式に応じた優れたコーヒー抽出機器の開発されている。

STEP 3 焙煎コーヒー豆を抽出する。

STEP 4

コーヒーを楽しく味わおう。

STEP 4 コーヒーを楽しく味わおう。

味わう　心得 *1*

● 抽出したコーヒーの賞味期限

コーヒーは挽きたて、淹れたての温かいコーヒーが一番美味しい。

　グルメコーヒー生豆を焙煎したら、まずは砂糖、ミルクを加えずにそのままブラックで飲むことをおすすめします。

　高級なウーロン茶や緑茶、煎茶に砂糖、ミルクを加えないのと同様です。

　通常、家庭では朝食時に人数分よりやや多い目にコーヒーを淹れるため、コーヒーポットに余る場合が多いです。

　この場合、再度コンロにかけて沸かし直すことはやめましょう。
煮詰まったり、香り、味が極端に劣化し、せっかくのグルメコーヒーを台無しにしてしまいます。

　どうしても再度温かいコーヒーが飲みたければ、湯せんすると良いですが、本来の味覚は復活しないです。

　むしろ、自然にぬるくなったコーヒー、あるいは冷めたコーヒーを楽しむ方が美味しいと言えます。

　高品質のグルメコーヒー生豆を使ったコーヒー抽出液ほど、劣化が遅く、良い味覚が保たれます。

　普通のコーヒーは、冷えてくると共に雑味、悪い酸味等が出てきてまずくなりますが、優れたグルメコーヒーは、冷えても味が劣下せず、かえって熱い時に感知し得なかった素晴らしい味覚が出て来る場合が多いものです。

　ぜひ、この味わいの変化をブラックで体験してください。

　余ったコーヒー抽出液の保管場所は、直射日光の当たらない、周囲に臭いの強いかんきつ

類等がない所に置くこと。台所のガスコンロの近くに置いておけば良いでしょう。
ただし、長時間の放置はダメで、抽出してからせいぜい14～15時間が賞味期限です。

味わう　心得 2

● 抽出後のコーヒーの糟の処分

使用済みのペーパーフィルターと共に生ごみ処理する。

　抽出後のコーヒー糟を捨てないで再利用することもできます。たとえば、コーヒー糟は吸臭性があるので、コーヒー糟を乾燥させて箱あるいは紙袋に入れて下駄箱の中に入れて置くと靴等の履物の臭いを消す効果があります。

　あるいは，花壇や家庭菜園の土に混ぜて処理する方法もあります。

　脂分の多く付いた食器を洗う際に、コーヒー糟の液を使うと油が落ちやすいとも言われます。

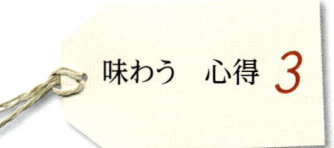

味わう　心得 3

● コーヒーカップでの愉しみ

美味しいコーヒーを飲むにあたり使用する容器も大切な要素の一つです。

STEP 4　コーヒーを楽しく味わおう。

　コーヒーカップには、マグカップ、デミタスカップ、大中小サイズ，厚手、薄手、ボウル、磁器、陶器、アルミ製、ガラス製、紙、プラスチック製等種々あります。各自の生活スタイル趣味に合わせて臨機応変に気楽に楽しみたいものです。

　毎日、家族で使用するカップは厚手の壊れ難いもの、お客様には少し洒落た高級品、パーティーには有名ブランドコーヒーセット（69ページからの世界の名窯製コーヒーカップ＆ソーサーを参照）や、由緒のあるアンティーク磁器等々。たまには、お気に入りの素敵なコーヒーカップで飲むとコーヒーの楽しさは深まります。

薩摩焼きコーヒー・
紅茶セット

　幕末、来日中のアメリカ政府通商部代表メイナード氏が薩摩藩プリンスか
らギフトとして贈られたもの。
　アメリカ本国に持ち帰り実際に家庭で使用された。子孫がヨーロッパに移
住後も使用され続け、1992年にオランダの骨董店に売却された。
　ポット、カップ、受け皿、菓子椀に日本の大名行列の様子が金銀蒔絵細
工で施されている。

STEP 4 コーヒーを楽しく味わおう。

九谷焼コーヒーセット

　明治時代、日本の輸出振興策の一環としてコーヒーセットが当時東洋趣味に沸くヨーロッパ市場に大量に輸出された。
　エッグシェル（卵殻）と呼ばれる超薄型の磁器カップは当時の日本の生産技術の高さを表す。
　日本女性の着物姿、美しい風景を背景とした平安貴族の姿を金襴手彩色手書きで描かれている。

IBC（ブラジルコーヒー院）
コーヒーセット

　　IBCブラジルコーヒー院（1952年～1990年）が1971年にサントス市グアルジャ島で開催された国際コーヒーコンベンションで招待客に配ったもの。
　　同品はIBC海外事務所（ニューヨーク、ミラノ、東京）に於いてもコーヒー業界関係者に配られた。

STEP 4 コーヒーを楽しく味わおう。

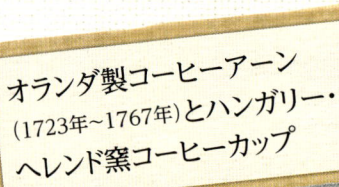

> オランダ製コーヒーアーン
> （1723年～1767年）とハンガリー・
> ヘレンド窯コーヒーカップ

　コーヒーアーンはピューター（錫）製、胴体黒地にシノワズリー（中国趣味）の蒔絵装飾。

　アラブ風の蓋、ロココ調猫足三脚、木製脚付き細かい細工の施された台座、コーヒー抽出液をアーンに入れ蝋燭ランプで保温し蛇口からコーヒーカップに注いで暖かいコーヒーを楽しむ。

　カップは白磁。揺れる船上でもカップが皿からずり落ちない様に皿に細工がされている。

セーブル
(フランス)1824年

マイセン
(ドイツ)年代不明

アウガルテン
(ウイーン)1750年

STEP 4 コーヒーを楽しく味わおう。

マイセン（ドイツ）
スキャタードフラワーズ

アウガルデン（ウィーン）
1818年頃の製品の復刻版

薩摩
（日本）19世紀

クリストフル
（フランス）

アビランド
（フランス）

カルティエ
（フランス）

ダンスク
（デンマーク）

STEP 4 コーヒーを楽しく味わおう。

ローゼンタール
クラシックローズ (ドイツ)

フォーション
(フランス)

レイノー
(フランス)

不明 (フランス)
年代不明

KPMロイヤル
ベルリン（ドイツ）

フッチェンロイター
KLM航空（ドイツ）

ハインリッヒ・ビラロイ・ボッホ
ブラックオパール（ドイツ）

ロナルド
（フランス）年代不明

STEP 4 コーヒーを楽しく味わおう。

ウエッジ・ウッド（イギリス）

B&Cベルナルド
（フランス・リモージュ）

スポート
（イギリス）

エインズレイ（イギリス）

ロイヤル・クラウンダービー
ジャポニカ（イギリス）

ミントン
（イギリス）1921年

ロイヤル・ダルトン
（イギリス）

ロイヤル・アルバート
（イギリス）

STEP 4 コーヒーを楽しく味わおう。

リチャード・ジノリ（イタリア）

ロイヤル・デルフト（オランダ）

ヘレンド（ハンガリー）

ビレロイ・ボッホ（ルクセンブルグ）

アラビア
(フィンランド)

スポルド・ジルニア
(ポーランド)

P&S（チェコスロヴァキア）
1892〜1934年

STEP 4　コーヒーを楽しく味わおう。

ロイヤル・
コペンハーゲン（デンマーク）

ノリタケ（日本）

レノックス
（アメリカ）

ティファニー
（アメリカ）

ロルフランド
（スウェーデン）

無名（中国）

古伊万里
（日本）1700年頃

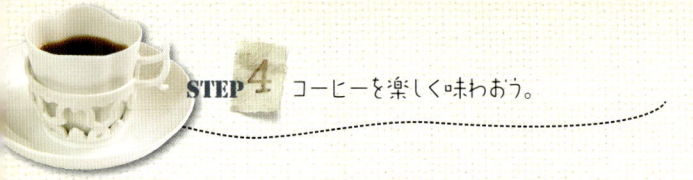

STEP 4 コーヒーを楽しく味わおう。

九谷
(日本)19世紀後半

カフェ・ブラジレイロ
(ブラジル)

ブラジルコーヒー院
IBC(ブラジル)

グランデル・ウエイル
(スイス)

味わう　心得 4

● コーヒーに合う菓子類ほか

　コーヒーは、基本的には洋菓子、和菓子いずれにも合いますが、特に、チョコレート、バターピーナッツ、せんべい、最中、おかき類、アーモンド，ピスタチオ、チーズ、りんご、等が良く合います。

STEP 4 コーヒーを楽しく味わおう。

STEP 4 +α

コーヒーパーティーのすすめ。

STEP 4 +α　コーヒーパーティーのすすめ。

自宅で仲間達と手造りコーヒーを飲みながら気楽に歓談するのは楽しいものです。
　時折、親しい友人を招いて、少し気取ったコーヒー・ホーム・パーティーを開くのも一興です。
　段取りとしては、
　　　　　① 招待状をつくる
　　　　　② テーマを決め、それに沿った種類の手づくりコーヒーを準備する
　　　　　③ テーマに沿ったコーヒー器具、食器類の配置する
　　　　　④ 簡単な食事と、献立表をつくる
　　　　　⑤ 雰囲気作りのための花、装飾品、絵画、音楽等を決める
　　　　　⑥ お土産品として当日使用した手づくりコーヒーを包装する

　コーヒーパーティーは、どんなパーティーにするか、私は毎回「テーマ」を決めます。そのほうが、開催する私自身が楽しいですし、飽きないならでもあります。招かれる側にも、「今回はどんなコーヒーパーティーだろうか」と期待してもらえます。
　たとえば、今回は、中世ヨーロッパのコーヒー飲用風景を再現したいと思い、それをテーマにしました。そして、当時飲まれていたと思われるイエーメン・モカとスマトラ・マンデリンを使うこととしました。
　食器類、コーヒー器具、装飾品等も、オランダ東インド会社が、東洋からヨーロッパに運んだ物品も含めたアンティーク物を主体に揃えてみました。

　簡単な家庭料理を作るのも楽しみの一つです。
　カレーライスは、インスタントではなく、新鮮野菜類（玉ねぎ、人参、ジャガイモ）、高級和牛肉、香辛料、カレールー、いいお米を使ったもの。
　野菜サラダ，簡単な煮付け物、魚サーモンのマリネも作ります。
　食欲増進、気分高揚のために、フランス・白ワイン（シャブリ）、イタリア赤ワイン（キャンティ・クラシコ・レゼルバ）、オランダ・ゴーダ・チーズを添えて。
　バカラ製ワイングラス、水グラスを使用。

STEP 4 +α コーヒーパーティーのすすめ。

　ワインのデカンタには、古伊万里染付乳瓶（ケンデイ）を使用。
　水差しはオランダ・ロイヤル・デルフト染付磁器。
　野菜サラダ、煮付け物の盛り付け皿には古伊万里染付芙蓉手大皿、チーズにはロイヤル・コペンハーゲン染付皿、カレーライス用には日本のノリタケ製皿、クリフトフ銀製ナイフ、フォーク、スプーン、布製ナフキン。
　デザートは、果物（オランダイチゴ、メロン・ハム）、ハーゲンダッツ・アイスクリーム、スイート・菓子類（生チョコレート、ピスタチオ）を古伊万里南蛮赤絵錦手椀、有田今衛門唐子絵椀に盛る。

コーヒーには

　九谷焼コーヒーセット（2枚皿付きカップ、ポット、砂糖・ミルク入れ、大皿付き溢し椀）、オランダ・コーヒー・アーン（ピューター錫製、シノワズリ）。薩摩焼コーヒーセット（2枚皿付きカップ、ポット、大皿付き溢し椀）ウイーン・アウガルテン・カップ＆ソーサー。
　銀製スプーン。
　テーブルに置く花瓶は、オランダ・ロイヤル・デルフト染付磁器。

装飾品

　当該コーヒーに関連したアンテイーク物。
　ペルシャ・ラグ壁掛、ペルシャ絨毯敷物、インドネシアのバテイック布壁掛け、黒檀並びに白檀木彫り彫刻、チェコ・スロバキア・ボヘミアン・カット・グラス置物。

その他

　トイレには、オランダ・デルフト・タイル絵、竹筒花生け、玄関、廊下にはコーヒーに関連した絵画、置物、民芸品を配した。音楽は、"四季"、"さ迷えるオランダ人"他。

STEP 4 +α コーヒーパーティーのすすめ。

STEP 4

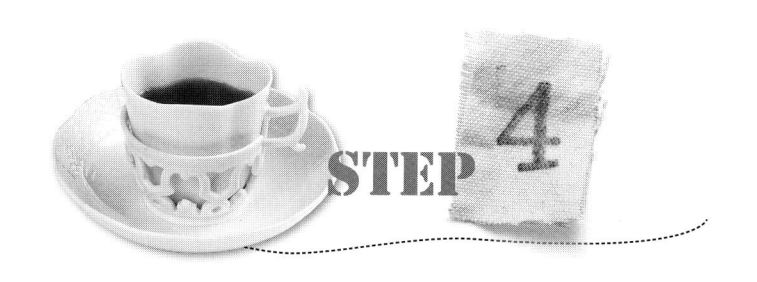

もう一つの楽しみ
ブレンドをして
味わおう。

STEP 4 もう一つの楽しみ ブレンドをして味わおう。

ブレンド 知識 1

ブレンドとは、各種タイプのコーヒーのロットを複数混ぜ合わせることにより、一つのタイプを作り出すことです。

　各産地のコーヒーの特徴（香り、酸味、甘味、苦味，コク等）を生かした配合をします。例えば、モカ（香りが強い）、ブラジル・アラビカ（マイルドな味）、インドネシア・ロブスタ（苦味）をブレンドする等です。

　組み合わせ、配合率は無限にあります。

　単品では得られない味覚とアロマを持つコーヒーを作り出すことが出来ます。

ブレンド 知識 2

大手メーカーのブレンドの主目的は、採算的に自社に最も有利で且つ需要家の好みに合った商品を作り出すことにある。

　コーヒーのタイプ、炒り上がり、カップ味等上手く調和の取れたものを作り出す必要があります。

　世間には、多くの優れたコーヒー鑑定士はいますが、優れたコーヒーブレンダーは極めて少ないと言われる所以です。

　コーヒー単品の鑑定は、経験を積めばそれほど難しいことではないですが、消費者を魅了する素晴らしいブレンデイッド・コーヒーの味造りが出来るためには、長年の経験技術に加え卓越した才能を必要とするのです。

ブレンドは商業上最も重要な業務の一つであることから熟練したコーヒー・ブレンダーの役割は重大です。

　また自社の販売する製品の品質味覚が、安定して、ブレないことが必要です。

自分で焙煎した3〜4種類のコーヒーをブレンドしてみるのも楽しみの一つです。

　自分で焙煎した3〜4種類のコーヒーをブレンドして飲んでみるのも楽しみの一つです。

　各種の配合割合を変えて、いろいろと試みてください。ただし、これはといった満足できる味に出会うのは中々難しいと思います。コーヒー生豆の段階でブレンド（**プレ・ミックス**）して焙煎するか、焙煎した豆をブレンド（**アフター・ミックス**）するかの方法がありますが、焙煎量の少ない家庭用の場合は後者をおすすめします。

　本来グルメコーヒーの場合はブレンドせずに単品で飲んだ方が良いでしょう。

　ブレンドすることにより、良い点が加算されることよりも、むしろお互いの個性を殺しあって、つまらない味にしてしまうことの方が多いように感じます。

　しかし、余った3〜4種類のグルメコーヒー焙煎豆を適当にブレンドして一つの密閉容器に入れて2〜3日置くと、焙煎豆同士お互いに味覚、香り等が融合して偶然に面白い味覚のコーヒーを作り出すこともありますので、グルメコーヒーのブレンドを全面的に否定するつもりはありません。

　かく言う私自身、長年、理想のブレンドコーヒーを作るべく努力を続けて来ていますが、未だ満足出来るものを作り得ていないのが事実です。たまに、「これはいい」と言えるものに出会うことがありますが、再度同じ物を作り出すことは至難の業なのです。

　ブレンドの難しさ、奥深さを痛感している次第です。

　なお、市販のコーヒー製品のほとんどは、各種コーヒーをブレンドしたものです。

STEP 4 もう一つの楽しみ ブレンドをして味わおう。

大量生産、大量販売のコーヒー製品を作る大手コーヒーメーカーにとって安定した量、品質と価格の原料コーヒー豆を確保することが必要です。

　国際的取引商品であるコーヒーは、農産品といった性格上、同じ産地のものでも、常に同じ品質のものが出来るとは限りません。

　生産年度の天候状態、コーヒー木の成り年、非成り年、表作、裏作、品種改良等により品質、特に味覚に違いが生じたりするのは避けられないことです。

　また、産地の天候異変（霜害、旱魃）、天災（洪水、暴風雨、地震）、病疫虫害（サビ病、ブロッカ）等の脅威にさらされており、国際紛争（戦争、国境、輸送路、輸出港封鎖）、政治政策（輸出入関税変更、助成金、増産減産措置）、環境保全（使用農薬の制限規制、検疫）など、多くの要因により供給不安が生じ、価格的にも、需要供給関係、現物投機筋による国際コーヒー価格への介入，外国為替変動等により高騰暴落を繰り返して来ています。

　大手メーカーにとって、ブレンドに使用しているコーヒー原料が突然供給ストップしたり、価格が高騰して製品コスト高で採算が取れなくなったりした場合、製品の生産販売の継続が出来なる場合も有り得ることです。

　一部産地のコーヒーの供給が止まっても、また価格が暴騰しても、他の産地のコーヒーで補えるようにするのがブレンドの一つの目的でもあります。

　従って、従来から大量生産で量的、価格的にも安定供給可能で品質的にも安定したアラビカ種コーヒーのブラジル、コロンビア、中南米産コーヒーがブレンドの中心になっている所以であります。

　価格競争という面からは、品質的には劣るが大量生産、安値価格のロブスタ種(インドネシア産、ベトナム産)のコーヒーがブレンドに多く使われています。

　ロブスタ種コーヒーはコーヒー液抽出率も高いことからソリブル・コーヒーの原料のブレンドにも多く使われています。

　ちなみに、日本市場は４０数カ国以上のコーヒー生産国からコーヒー生豆を輸入していますが、年間総輸入量の中、ブラジル、コロンビア、インドネシア、ベトナムの4カ国で約

80%を占めています。これ等に主要中南米６カ国、を加えた合計10カ国で約90％を占めています。

　その他、アフリカ諸国エチオピア、タンザニア、ケニア等も多いです。
しかしながら、コーヒー生豆総輸入量に占めるグルメコーヒー生豆の割合は推定7〜8％であります(2010年現在)。

家庭焙煎による手づくりの醍醐味は、採算を考えずに、世界の最高級のコーヒー生豆を選んで、自分好みの最高の味覚のコーヒーを楽しむと言う贅沢が出来ることです。

STEP 4 もう一つの楽しみ
ブレンドをして味わおう。

コーヒーの
一知識

コーヒーへの興味が高まる知識。

コーヒーの一知識　コーヒーへの興味が高まる知識。

一般知識
味覚について

人間の味覚には、大雑把に言って苦味、甘味、酸味、塩味の4種類がある。

コーヒーの香り味覚は、舌、歯、口顎、鼻、脳、ひいては身体全体で感知するものです。

売れるコーヒーの味とは?

そもそも、味覚に絶対的なものなぞあるのだろうか。

ましてや、嗜好品であるコーヒーにおいておやである。

かつて1970年代に、流通革命の旗手として躍進していた大手スーパーマーケットと、当時市場で圧倒的なシェアを誇り、スーパーや百貨店、小売店の目玉商品として欠かせぬ存在であった世界的有名ブランドのインスタントコーヒーのメーカーとが、販売方針を巡り対立したことがありました。

同スーパーは、独自のブランドでの販売を検討し始め、世界中のコーヒー産地で生産されているインスタントコーヒーのサンプルを取り寄せて欲しいとの依頼が当方にありました。

ブラジル、コロンビア、エクアドル、シンガポール等から各種サンプルを集めました。

これ等のサンプルと国産インスタントコーヒーのサンプルを併せた10数種類を、スーパーの擁するパネラー達（清酒、ウイスキー、香料、茶類、米穀類等の味覚鑑識エキスパート並びに一般消費者から構成された）にブラインドテスト（目隠し）で鑑定をしてもらうこととなりました。

鑑定結果、90％のパネラーが世界的有名ブランドの味に最高得点を付けたのです。

コーヒー業界の一般常識から言えば、ブラジル、コロンビア、エクアドルの方が格上との感じがしますが、日本人が戦後長らく慣れ親しんで来た商品の方に軍配が上がったわけです。

当初は新しい味造りを考えていたスーパーの担当者も、この事実を重視し、産地メーカーに有名ブランドの味に出来る限り近い製品を作るよう、要請しました。

産地こどに独自の味覚が有り、要請に沿えるような製品を作ることには、かなり無理がありましたが、産地メーカーを何回か訪問しサンプル交換も重ねた結果、何とか製品販売にまで漕ぎ着けました。

現在，多くのコーヒー業者がブラジル、コロンビア、エクアドル産のインスタントコーヒーをバルクで買い、小売用に再包装して自社ブランドで販売していますが、それらの先駆けとなりました。

もう一つは、1980年代、ニューヨーク駐在時代のこと。

米国西海岸地区で爆発的人気を得て、停滞していた米国コーヒー業界に旋風を巻き起こしていた新興コーヒーメーカーの商品を日本に送り、東京の大手コーヒーメーカーの意向を打診したところ、味が濃く苦過ぎて日本市場には向かないと、即座に拒否されたことがあります。

マイルドなコーヒーの味を売りものにして、日本市場では、それなりに人気のあった同メーカーにとって、受け入れ難い味であったのでしょう。

この米国の新興コーヒーメーカーとは、今を時めくスターバックスコーヒーのことです。

これ等のことから分かったことは、消費者の味覚、嗜好は長年慣れ親しんできたものから、なかなか抜け出せないと同時に、一方、時代の変化流行にも敏感に反応するということです。

コーヒーは良く音楽に例えられます。

クラシック、ジャズ、ボサノバ、演歌、ソウル等あらゆるジャンルの音楽の基本は、音符、音感、節調であり、作曲された作品に、優れた楽器、奏者の能力、聴衆の好み、流行等が加わり、聞く者に感動を与えることにより、初めて作品をヒットさせます。

コーヒーの場合も、基本を良く理解し、構成部分をしっかりと把握するための弛まざる訓練が必要だと思います。

これから、最高に美味しいコーヒーを楽しみたいと願う我々にとって必要なことは、先ず基本となる、しっかりとした「物差し」を身につけることです。

そのためには、最高のものに数多く触れ、良い指導者に恵まれることです。

辛抱強く本書に従っていけば必ずやプロに近い「物差し」が得られるものと確信しています。

「物差し」さえ出来れば、いかなる場合にも柔軟かつ流動的に対応出来るはずです。

コーヒーの一知識　コーヒーへの興味が高まる知識。

一般知識
栽培について

● コーヒー農園、その他：

コーヒー農園の形体は、各生産国の土地、土壌、気候条件等により異なります。

ブラジル；　セラード地区農園におけるコンピューター制御による灌漑設備

コーヒー生産には天候が重要な要素ですが、ブラジルは霜害以外にも旱魃の被害に悩まされ続けて来ました。コーヒー農園経営の近代化と共に機械化が進行し、写真の様な灌漑設備を備えた農園が多く見られる様になりました。半径600メートル、全長1,200メートルにも及ぶ回転移動式噴水装置がコンピューター制御により稼働しております。水は近隣の河川、溜池、地下水等から導入されておりますが、広大且つ傾斜の少ないブラジルの大地ならではの設備です。コーヒー木の作付け、栽培、剪定方式、農園の形も灌漑設備に合わせて変化しております。

収穫方法も従来の人手によるものから、機械による収穫が進んでおり、写真の機械1台で人間50人分の仕事が可能です。機械によって摘まれた果実（コーヒーチェリー）は、直接地面に触れることなく機械に付随した袋に収められることから、品質的にも良いものが収穫されます。ブラジルコーヒーは、品種改良、機械設備、近代的経営等大量生産，低コストにより国際市場で圧倒的な競争力を保持している。

コロンビア； 山岳地帯斜面にシェードツリーの下で栽培

コロンビアコーヒーの栽培は斜面の多い高度な山岳地帯で行われており、ブラジルの様な機械化は困難ですが、直射日光、強風等からコーヒー木を保護する為のシェードツリー（バナナの木等）が植えられており、これ等は斜面に施肥した肥料の流出も食い止める役割も果たしている。収穫時には、完熟した果実（コーヒーチェリー）のみが丁寧に手摘みされ、その後の精選処理課程においても厳重な管理が行われている。アラビカコーヒーとしては、ブラジルに次ぐ世界第2位の生産量を誇り、品質に於いても国際市場で高い評価を得ている。

コーヒーの一知識 コーヒーへの興味が高まる知識。

グアテマラ； シェード・ツリーに保護されたコーヒー樹

火山国グアテマラは、高品質志向のコーヒー生産国で1,400メートルを越える高地で生産されるコーヒーは、気候風土とあいまって特有の風味を有し、国際的に高い品質評価を得ている。写真は有機栽培のコーヒー農園でシェードツリーの下で化学肥料を使わずに栽培されている。シェードツリーに集まる小鳥達の糞、家畜の糞、堆積した落葉による腐植土等が肥料となっている。

インドネシア；東部ジャワのコーヒー農園収穫風景

政府管理下の下、整備された美しいコーヒー農園で、高品質の水洗式ロブスタコーヒーWIBが生産される。収穫期には、農園周辺農家から人手が集められ、男女、子供が一家総出で収穫に携わる。

コーヒーの由来伝説、伝播の歴史、植物学、農園、栽培方法、収穫、処理方法、精選、加工、輸出船積、流通経路、製品消費、国際取引、生産国、消費国事情、等々詳細に付いては多くの優れた書物、雑誌が市販されていますので，それらを参考にされたい。

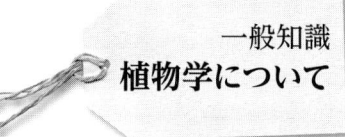

一般知識
植物学について

● コーヒーの主な種類と処理方法等：

アラビカ種；　標高900〜2,000メートル。昼間の気温は摂氏20〜25度の高地で栽培。栽培生産には,手が掛り、肥料なども施す必要があり、コスト高。
豆の形状は、長め、表面がややくぼみ、中央の割れ目の線は、少し婉曲しています。
味は全般的にマイルド。

ロブスタ種；　カフェイン含有量は2〜4.5％
標高200〜300メートル、海抜0メートルの所でも生育します。
昼間の気温は摂氏24から26度
豆の形状は丸目で、豆の表面は平たく、中央の割れ目の線は直線に近い。
味はシャープで苦い。
天候異変、病虫害にも強く、施肥等の必要も無く栽培生産に、手が掛らない。大量生産、コスト安。

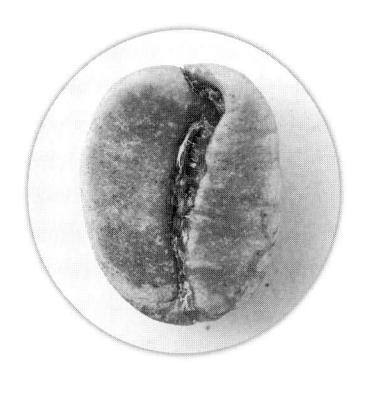

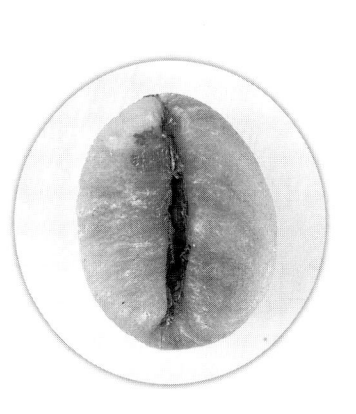

コーヒーの一般知識 コーヒーへの興味が高まる知識。

コーヒー豆処理方法には水洗式（ウオッシュド）、非水洗式（アンウオッシュド）、セミ・ウオッシュド等あります。

一般知識 実について

● コーヒー果実の構造

　完熟したコーヒー果実（チェリー）には、赤い外皮に包まれて2個の種実（コーヒー豆）が向かい合わせに入っています。

　コーヒー豆はシルバースキンと呼ばれる薄い膜で覆われ、さらにパーチメント（軟骨質の皮膜）で包まれています。

　パーチメントと外皮との間に、ゴム質で甘味を有する層がある（内果実パルプ）。

　コーヒーチェリーの中に、一個の種実しか入ってない場合がありますが、これはピーベリーと呼ばれ、欠点豆ではありません。

　またマラゴジッペと呼ばれる大粒のコーヒー豆もあります。

　これ等は、数も限られているので、珍重されピーベリー、マラゴジッペとして単独に市販される場合もあります。

一般知識 成分について

● コーヒーの効用

1 精神に良い影響を与える

コーヒーの持つ芳醇な味と香りは、人の気持ちを和ませストレスを解消させてくれます。また、含まれるカフエインは、脳に適当な刺激を与え、脳の働きを活性化させます。

　精神集中力、記憶力を促進します。

　古来、革命家、学者、政治家、芸術家、文人達に愛されて来た所以です。

　修道僧、受験生の眠気覚ましともなります。

2 気の合う、あるいは利害目的を共にする人達をつなぐ役割を果たして来た。

　現在でも、大手コーヒーチェーン、喫茶店は、憩いの場所として利用される以外にも、サラリーマン達の仕事の準備や打ち合わせ、学生達の勉強、新しい友人関係作りの場所ともなっています。

3 健康に良い

　脂肪を分解、利尿作用促進、脂分の多い料理を食べた後にコーヒーを飲むと口の中がすっきりすると共に、にんにくガーリック等に対する消臭効果もあると言われています。

4 美味しい料理の後の締めに欠かせぬものである。

コーヒーの
一知識　コーヒーへの興味が高まる知識。

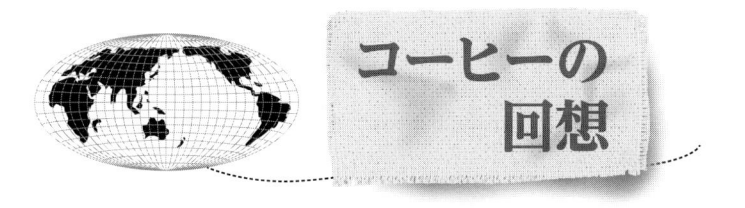

コーヒーの
回想

各地の
コーヒー飲用の
慣習。

コーヒーの回想　各地のコーヒー飲用の慣習。

● ポン・デ・ケージョの塩味と相性抜群のブラジルのコーヒー。

　広大な土地と豊富な資源に恵まれたブラジルは、中国、インド、ロシアと共に世界の新興経済国として急成長を続けていますが、今から約４０年前にも「奇跡の成長を遂げた５年間」と呼ばれた活気溢れる時代がありました。

　ちょうどその頃、最初の海外赴任地としてブラジルに滞在し、公私にわたり楽しい経験をしました。

　永年にわたり、国家発展の礎を築き、牽引車的役割を果たして来たコーヒー産業の地位も高く、当事は、国の総外貨収入の約６０％を稼いでいました。（現在では、他の産業の急成長もあり約２％程度）

　当時、コーヒー主要生産地はコーヒーに最適な気候条件と肥沃な土壌（テーラ・ローシャと呼ばれる赤色微粉の土）に恵まれたパラナ州、サンパウロ州でした。

　中でも、サンパウロ州西部地区で生産されるコーヒーの品質は高い評価を得ていました。

　取引の関係で、同地区のコーヒー農園（ファゼンダ）を訪れ、農園主（ファゼンデイロ）とも会う機会が多かったです。

　農園の中にある農園主の邸宅で、出してくれる手造りのポン・デ・ケイジョ（チーズパン）とコーヒーの味は忘れられません。

　農園主が、自分達家族のために農園の一画で、特に念入りに育てたコーヒーの木から採取した特上のコーヒー豆を使ったものとのこと。

　深炒り、微粉粉砕したコーヒーを鍋に入れ熱湯煮沸し、砂糖を加えた後にネル布のフィルターで濾した、ソフトでとろりとしたコーヒーの味にポン・デ・ケイジョのモッチリとした感触と塩味が、実に良く合います。

　また、雲一つ無い青い空、灼熱の太陽の下、地平線まで広がるコーヒーの樹海を眺めながら飲むコーヒーの味は格別で、複雑な世事を一時忘れさせてくれました。

● 30年前のアメリカのコーヒーはひどかった…

　1980年代の米国経済不況下において、コーヒー業界も熾烈な価格競争にさらされた結果、整理統合、合併が急速に進みました。全国に3,000～4,000軒あったと言われるコーヒーロースターズの数が300軒程度にまで減少し、企業間の格差と二極分化が進みました。

　その結果、原料コスト削減に注力の余り、品質の低下と消費量の減少を招いたのです。

　当時、オフィスコーヒーが普及し、事務所では電気コーヒーメーカーが設置され、レギュラーコーヒー、砂糖、クリーミー、袴付きプラスチック製カップ、スティックマドラー等がセットになっており、定期的に契約業者から届けられる仕組みになっていました。

　万事合理的な米国のこと、女子社員によるコーヒーサービスなどはなく、重役自らコーヒーを淹れて顧客に振舞うことも珍しいことではありませんでした。

　たびたび訪れるニュージャージーの食品会社事務所で出されたコーヒーには驚きました。世の中にこんなにも不味いコーヒーがあるのかと思う程の代物で、それを平然と飲むアメリカ人にも驚きもし感心もしました。

　もちろん、米国のコーヒーの味を一律に決め付けるつもりはありません。広いアメリカ合衆国の中、地域ごとにコーヒーの好みは違うし、味も異なります。

　1980年代、西海岸、東部ボストン辺りでは結構美味しいコーヒーが飲めましたし、マンハッタンでも高級志向の顧客を対象としたグルメコーヒー専門店が何軒かあり結構繁盛していました。

　しかしながら、全般的には品質の低下は否めないものがありました。

　コーヒー輸出国でも、同じ品質規格でも、ヨーロッパ向け仕様とアメリカ向け仕様とを区別して販売していたほどです。（当然、後者が劣る）

　昨今、米国市場でもコーヒーの高品質志向が高まり、味覚に対する理論付けも体系化され、品質に対する考え方も大きく改善されて来ています。いわゆる、スペシャルティコーヒーのブームです。

　コーヒー生産国に対しても、自分達の基準に沿うように要求主張をして来ている状況を見るにつけ、1980年代の米国市場を知る者にとっては、隔世の感がするのです。

コーヒーの回想　各地のコーヒー飲用の慣習。

● オランダの美しい風景が思い浮かぶゴールドブレンド

　17世紀前後、大航海時代、世界の七つの海を支配したオランダは、それまでに世界のコーヒー生産を独占していたアラブから離れて、初めて東インドでコーヒー栽培を始め、その後の植民地コーヒー発展の先駆者となりました。

　やがて、東インド生産のジャバコーヒーは、イエーメン生産のモカコーヒーを抑えてヨーロッパコーヒー市場を席巻するに至りました。

　現在のオランダは、日本の九州位の国土と人口しか持たない国ながら、政治、経済、文化、スポーツ、社会福祉、自然環境保護政策等、あらゆる分野で世界のトップレベルにあり、皇室女王陛下を擁する豊かな民主主義国です。

　私は、チーズ、バター、粉乳等の酪農製品を世界各地と売買取引する現地会社のC.E.O.会長として2年ばかりオランダに勤務したことがあります。

　毎日、4〜5カ国語を使って、世界各国の顧客を相手に商談を進めるトレーダー達にとって、仕事の合間に味わうコーヒーは精神安定と活性化に役立ち、欠かせぬ飲み物でありました。

　コーヒーを淹れてくれるのは、オフィスの女性社員達（トルコから移民の女史、新婚のドイツ系、英国系大企業重役の娘で週末には地元オーケストラのビオラ奏者、アルバイトの女子大学生）で、毎日3回定時に、顧客が来ればそのつど、コーヒーを出してくれました。

　ドリップ式抽出で、ソーサー付きの厚手の磁器カップに、たっぷりとコーヒーを入れ、シュガー、ミルクを添えてサーブしてくれました。

　伝統的なコーヒー消費国オランダで、永年にわたり圧倒的シェアを誇るメーカーの最高級レギュラーコーヒー、100％アラビカ・ゴールドブレンドを使用。

　家庭で家族のために淹れるのと同様に、心と愛情をこめて淹れてくれるコーヒーで、本当に心も身体も温まるコーヒーの味でありました。

　通常、女子社員達の昼食は極めて質素で、りんご1個、ヨーグルトにコーヒーだけで済まします。

　従来、コーヒーも上記メーカーの中級品を割り勘で買って、個人負担で飲んでいたのですが、会社勘定で最高級品に切り替えたことも、彼女達に喜ばれ、美味しいコーヒーにつながっ

たのかも知れません。

　今でも、時折、知人がオランダ土産に同品を持って来てくれると、美しいオランダの風景と社員達の暖かい心づかいを思い出し、懐かしさが込み上げてきます。これもコーヒーのお陰と感謝しています。

● 東チモールで村長さんがもてなしてくれた感激のコーヒー

　東チモールは、約450年間ポルトガルの支配下にありましたが、1976年インドネシア政府は、インドネシア第27番目の州として併合することを宣言しました。

　その後、インドネシア軍による独立派大量虐殺事件などの悲劇を経て1999年8月に、約23年間にわたるインドネシアの占領から開放されました。

　しかしながら、国土と人心は荒廃し危機的状況にあったため、2000年7月には国連による東チモール暫定政府が発足し国の再建に努力し、世界各国からの支援活動も行われました。

　ちょうどその頃、日本の最大手NGOから、紛争で荒廃した同国のコーヒー農園ならびにコーヒー産業復活の可能性についての調査依頼が、縁あって私に回って来ました。

　2000年11月、2001年1月の2回にわたり現地を訪問し、いろいろな角度からコーヒー産業全般の調査を進め、将来発展の可能性を模索しました。

　既に米国、ブラジル、ポルトガルによる調査が先行していました。

　幸い、一緒に調査に協力してくれた依頼主である日本の最大手NGO東京本部、東チモール現地スタッフの若者達の尽力が実り、コーヒー生豆の日本向け輸出並びに日本市場におけるコーヒー製品化、販売に漕ぎ着ける事が出来ました。

　現在、当該NGOの若者達によりコーヒー栽培、収穫、精選処理、買付け価格保証に至るまで細かい指導が行われ、現地コーヒー生産者の生活に大いに貢献している由。

　東チモールコーヒーは、本来は1815年にブラジルからもたらされたアラビカ種でありましたが、その後ロブスタ種との交配が行われ、同国の気候風土に育まれたコーヒーは独特の風味を有しアラブスタの名で世界市場に知られるようになりました。

コーヒーの回想 — 各地のコーヒー飲用の慣習。

　また、霜害、旱魃、サビ病、虫害に対し抵抗力が強い遺伝子はカチモールとして世界各生産国のコーヒー遺伝子に組み込まれています。

　調査段階で、コーヒー産地の村長さん宅を訪問し、話を聞く機会がありました。年配の村長さんとは、通訳を介せずにポルトガル語で会話が出来たこともあり、話が弾み、多くの貴重な情報を得ることが出来ました。（東チモールの言語は、ポルトガル語、インドネシア語、テトウン語であり公用語をポルトガル語にしようとしていたが、インドネシア支配下で育った若者達はポルトガル語が出来なかった）

　村長さんは、日本軍統治下のコーヒー農園（1942年、第2次世界大戦時代、日本軍がチモール全島を占領したが、東チモールのコーヒー園経営にも携わった）で働いた経験があり、その時の日本軍司令官や将校達が、公平で規律正しい立派な人達であったと等、当時の思い出を懐かしそうに語ってくれたのには感動しました。

　村長宅とはいえ、インドネシア軍により破壊された家屋は粗末で、電気も通じていない薄暗い応接間の土間に古びた木造机椅子が置かれ、壁にはカトリック信者らしくマリア像が飾られていました。

　そんな中、出されたのは、この住まいに不似合いな米国有名ブランドのカップ＆ソーサー、シュガー、ミルク入れのフルセットでした。コーヒーを運ぶ女性の慎重な仕草からも、大切な客に対する特別の計らいであることが感じ取られました。

　コーヒーはレギュラーコーヒーで、粗挽きしたコーヒー粉に熱湯を注ぎ、抽出した上澄み液を飲むといったやり方で、コーヒーを飲んだ後のコーヒーカップの底にはコーヒーの糟が大量に残っていました。

　客人に対し心を込めて淹れてくれた熱いコーヒーの味は格別でした。

　コーヒーを通じて、村長さん家族と我々スタッフとの間でより良いコミュニケーションできたことを感謝しています。

● トルコでは不自然ではない「リオ臭コーヒー」

知人から土産にトルココーヒーをもらいました。

簡易包装されたレギュラーコーヒーで、やや深めの炒り、微粉に近い細挽きのものでした。開封と同時に、強烈なリオ臭（ブラジルコーヒーでヨード臭のするもの）が鼻を突いたのを思い出します。熱湯を注いだ段階で、さらに臭いは強くなり、飲む段階では正にリオ臭ぷんぷんのコーヒーとなりました。

以前ブラジル勤務の時、輸出業者の船積みサンプル（輸出業者はコーヒー豆船積みロットの中からサンプルを抜き取り、一つは輸入先に送付すると共に、一つは必ず自分の所に最低1年間は保管し、トラブル発生の際に対処出来るようにしておく）の中にリオ臭のあるものを発見し、奇異を感じたことがありました。

ブラジルコーヒーの国際取引では、通常フリー・フロム・リオフレーバ（リオ臭の無いこと）の条件が付くのが多い中、生豆段階で既にリオ臭のするものでありました。

輸出業者のデグスタドール（カップテイスター）の話では、サンプルはトルコ向けのもので、トルコやギリシャの市場ではリオ臭のするコーヒーが要求されるとのこと。

その時は、そんなものかと聞き流していたが、今回、トルコで消費されているコーヒーの現物を飲んで初めて納得し、コーヒーは正に嗜好品であるとの認識を新たにした次第です。

日本市場では、リオ臭は馴染みが薄く、一般消費者が知る機会はまずないでしょう。輸入業者、メーカーが"リオ臭"をあたかも"毒"であるがごとく毛嫌いし、受入れを断固拒否して来たお陰でもあります。

しかしながら、世界でも稀に多様性を追求して止まぬ日本コーヒー市場にあって、リオ臭を売り物にする業者が出て来ても不思議ではない気がするのですが。

あとがき

　難しく考えずに、できるだけ簡単かつラクなやり方で楽しみながら、最高の結果を出したいとの日頃の生活信条に基き、本書を書きました。

　今まで、新聞、業界誌への寄稿、専門書の翻訳監修、講演会、研修会の原稿資料等数多く書きましたが、自分自身が著者となるのは今回が初めてのことです。

　コーヒーに関する国内外の優れた専門書、啓蒙書が本屋店頭に溢れている中、私ごときが入り込む隙など無いように思えましたが、より美味しいコーヒーを楽しむことを人々と共有したいとの思いから、書きまとめました。市販の書籍雑誌で書きつくされたものとは若干異なる切り口から、できるだけシンプルにといった方針で書きました。

　本書に掲載しているのは、海外駐在時代に道楽で集めた世界の名窯磁器や骨董品の一部ですが、これ等を見る度に、各地の名窯生産工場を訪ねたり、周辺の美術館や観光地を見物した時のことを懐かしく思い出します。「コーヒー」に関わる仕事に長くたずさわってきましたが、いつまでも遊び心を忘れず、気楽に楽しくコーヒーとの対話を続けたいと思っております。

　とにかく、本誌に沿って「手づくりコーヒー」を始めてみて下さい。

　コーヒーはそれに必ず応えてくれるはずです。そして貴方の生活の楽しみをもう一つ増やしていただければ望外の幸せです。

　本書の編集作業中には東北地方太平洋沖大震災がおきました。被災地の一刻も早い復興と、そして、再び日本中の皆さんがコーヒーを楽しめる日が来るよう心よりをお祈り申し上げます。

2011年4月吉日

著者紹介

田中 昭彦　Akihiko Tanaka

1962年、大手商社に入社。食料部門担当、主にコーヒーの輸入業務、先物取引に係わる。サンパウロ、ニューヨーク、オランダに駐在。海外生活は通算17年。訪問国は65カ国。日本人初のブラジル政府公認のコーヒー品質格付士職業資格を修得。大手商社退社後、コーヒー専門商社、日伯政府合同機関（在サンパウロ）、ＪＩＣＡ海外日系人協会等を経て現在に至る。その他、コーヒー関連書籍監修、業界新聞雑誌寄稿、講習会、大学非常勤講師等。日本貿易会内ＮＰＯ国際社会貢献センター、日本ブラジル中央協会、日本コーヒー文化学会等の会員。趣味は、剣道、詩吟、旅行。1996年にコーヒートレーディング有限会社を設立。

```
SERVIÇO NACIONAL DE APRENDIZAGEM COMERCIAL
       DEPARTAMENTO REGIONAL DE SÃO PAULO

        Certificado de Habilitação Profissional
        (Registrado no Serviço de Padronização e Classificação do Ministério da Agricultura)

O Departamento Regional de São Paulo do SERVIÇO NACIONAL DE APRENDIZAGEM COMERCIAL - SENAC,
de acôrdo com os preceitos legais e à vista da aprovação obtida em tôdas as disciplinas do curso de CLASSIFICADOR
E PROVADOR DE CAFÉ, concluído no ano letivo de 1970, por
                        AKIHIKO TANAKA
nascido em    Okayama - Japão              10 de janeiro de 1940,
filho de      Yukinobu Tanaka              lhe confere o presente
certificado de Habilitação Profissional de CLASSIFICADOR E PROVADOR DE CAFÉ, em virtude do qual gozará dos
direitos e prerrogativas concedidas aos portadores dêste título pelas leis do país.

                  São Paulo, 15 de janeiro de 1971.

      OLIVEIROS ZEITUNI                       OLIVER GOMES DA CUNHA
  p.p. JOSÉ PAPA JUNIOR                       Diretor do Departamento Regional
       Presidente do Conselho Regional do SENAC

              CARLOS ALBERTO GUIMARÃES
                  Inspetor Federal
```

全国商業教育事業団
サンパウロ支部

職 業 資 格 証 書
（農務省規格及び格付部に登録済み）

氏　名　　田中　昭彦
生年月日　1940年1月10日
出生地　　日本国岡山県
父　　　　田中　幸信

　上記の者は全国商業教育事業団（SENAC）サンパウロ支部コーヒー格付士養成コースの全課程を卒業したので、ここにコーヒー格付士職業資格証書を授与し、その所有者に対しブラジル国法律が与える全ての権利及び特典を享受することを認める。

　　　　　　　　　　　　　　サンパウロ市　1971年1月15日

　　　　　　　　　　SENACサンパウロ支部審議会会長代理
　　　　　　　　　　オリベイロス・ゼイツニ（署名）
　　　　　　　　　　SENACサンパウロ支部長
　　　　　　　　　　オリベル・ゴメス・ダ・クニヤ（署名）
証書第560号　　　　連邦審査官
農務省殖産事務所　カルロス・アルベルト・ギマランエス（署名）

植物性商品規格、格付及検査組
　登録番号3715　台帳第　38号第　15枚面
　　　　　　1971年3月16日　　　　（公証翻訳人　大原毅氏翻訳）

● 難しいことは考えないで、簡単に作れる至高のコーヒー
もっと美味しいコーヒーが飲める4ステップ
―― 手づくりコーヒー、家庭焙煎コーヒーの楽しみ ――

発行日	2011年6月2日 初版発行
著 者	田中昭彦(たなか・あきひこ)
発売者	早嶋 茂
制作者	永瀬正人
発行所	株式会社旭屋出版
	〒107-0052　東京都港区赤坂1・7・19キャピタル赤坂ビル8階
	郵便振替 00150・1・19572
	電　話 03・3560・9065 (販売)
	03・3560・9062 (広告)
	03・3560・9066 (編集)
	ＦＡＸ 03・3560・9071 (販売)
	旭屋出版ホームページ　http://www.asahiya-jp.com
撮 影	曽我浩一郎(旭屋出版)
デザイン	宮本 郁
編 集	井上久尚
印刷・製本	株式会社 シナノ

※定価はカバーにあります。
※許可なく転載・複写ならびにｗｅｂ上での使用を禁じます。
※落丁本、乱丁本はお取り替えします。
ISBN978-4-7511-0928-1　C0077
©Akihiko Tanaka 2011 Printed in Japan